DR. OETKER

PARTY TOAST

KONFETTITOAST, SANDWICHTOAST KARIBIK, BÖRSENHÄPPCHEN, TOAST ORIENTAL...

Dr. Oetker Verlag

Vorwort

Toasts waren in den letzten Jahren etwas aus der Mode gekommen. Sehr zu Unrecht, wie wir meinen. Vor allem in jüngeren Haushalten hat der Toast durch den Sandwichtoaster mittlerweile wieder eine Renaissance erfahren.

Wir möchten Ihnen mit über 50 Toastrezepten beweisen, dass es nicht immer der klassische Hawaii-Toast sein muss, den Sie Ihren Gästen servieren können.

Ob Toast-, Misch- oder Vollkornbrote, Ciabatta oder Fladenbrote – belegt mit Gemüse, Obst, Wurst, Fleisch oder Fisch, überbacken mit verschiedenen Käsesorten oder -saucen: Den Variationsmöglichkeiten sind keine Grenzen gesetzt.

Mit unseren Rezepten wie z. B. Toast Oriental, Riesentoast oder Toast aus dem Pfännchen, aber auch mit Rezepten für den Sandwichtoaster beweisen wir Ihnen, dass Toasts nicht nur etwas für den kleinen Hunger zwischendurch sind, sondern, dass Sie Ihre Gäste auch bei einer Party damit begeistern können.

Abkürzungen

EL	= Esslöffel
TL	= Teelöffel
Msp.	= Messerspitze
Pck.	= Packung/Päckchen
g	= Gramm
kg	= Kilogramm
ml	= Milliliter
l	= Liter
Min.	= Minuten
Std.	= Stunden
evtl.	= eventuell
geh.	= gehäuft
gestr.	= gestrichen
TK	= Tiefkühlprodukt
°C	= Grad Celsius
Ø	= Durchmesser
E	= Eiweiß
F	= Fett
Kh	= Kohlenhydrate
kcal	= Kilokalorien
kJ	= Kilojoule

Hinweise zu den Rezepten

Die Rezepte sind – wenn nicht anders angegeben – für 10 Stück berechnet. Lesen Sie bitte vor der Zubereitung das Rezept einmal vollständig durch. Oft werden Arbeitsabläufe oder -zusammenhänge dann klarer. Die in den Rezepten angegebenen Gartemperaturen und -zeiten sind Richtwerte, die je nach individueller Hitzeleistung des Backofens oder Sandwichtoasters über- oder unterschritten werden können. Bitte beachten Sie deshalb bei der Einstellung des Backofens und des Sandwichtoasters die Gebrauchsanweisung des Herstellers.

Zubereitungszeiten

Die Zubereitungszeit beinhaltet nur die Zeit für die eigentliche Zubereitung, Gar- und Backzeiten sind gesondert ausgewiesen. Längere Wartezeiten wie z. B. Kühl- und Auftauzeiten sind nicht einbezogen.

Holländischer Tomatentoast

Zubereitungszeit: 30 Min.
Backzeit: 8–10 Min.

Pro Stück:
E: 22 g, F: 19 g, Kh: 21 g,
kJ: 1438, kcal: 345

- 1 Bund Frühlingszwiebeln
- Wasser
- 1 gestr. TL Salz
- 5 mittelgroße Tomaten
- 10 Scheiben Toastbrot
- 125 g weiche Kräuterbutter
- 10 Scheiben gekochter Schinken
- Salz
- frisch gemahlener Pfeffer
- 10 Scheiben junger Gouda-Käse

Nach Belieben:
- vorbereitete Zitronenmelisse

1 Frühlingszwiebeln putzen, waschen und abtropfen lassen. Frühlingszwiebeln längs halbieren und in große Stücke schneiden. Wasser mit Salz in einem Topf zum Kochen bringen. Frühlingszwiebeln hinzugeben und etwa 1 Minute blanchieren. Anschließend in ein Sieb geben, mit kaltem Wasser übergießen und abtropfen lassen.

2 Tomaten waschen, trockentupfen, halbieren und Stängelansätze entfernen. Tomaten in Scheiben schneiden.

3 Toastscheiben toasten, mit Kräuterbutter bestreichen und auf ein Backblech (mit Backpapier belegt) legen. Jeweils eine zusammengeklappte Scheibe Schinken auf eine Toastscheibe legen. Frühlingszwiebelstücke und Tomatenscheiben darauf verteilen. Mit Salz und Pfeffer würzen. Käsescheiben halbieren und die vorbereiteten Toastscheiben damit belegen. Das Backblech in den Backofen schieben.

Ober-/Unterhitze:
etwa 220 °C (vorgeheizt)
Heißluft: etwa 200 °C (vorgeheizt)
Gas: Stufe 4–5 (vorgeheizt)
Backzeit: 8–10 Min.

4 Nach Belieben den Tomatentoast mit Zitronenmelisse garniert servieren.

- **Tipp:**
Statt mit Kräuterbutter können Sie die Toastscheiben mit Basilikum-Pesto bestreichen. Den Gouda-Käse können Sie durch in Scheiben geschnittenen Schafkäse ersetzen. Bestreuen Sie den Toast zusätzlich mit Oregano.

EINFACH

Toast mit Rinderfilet

Zubereitungszeit: 45 Min.
Backzeit: etwa 5 Min.
je Backblech

Pro Stück:
E: 26 g, F: 18 g, Kh: 23 g,
kJ: 1498, kcal: 359

- **200 g Zuckerschoten**
- **150 ml Wasser**
- **½ gestr. TL Salz**
- **2 Pck. Baby-Möhren (je 250 g, aus dem Kühlregal)**
- **2 EL Zucker**
- **10 Scheiben Rinderfilet (je etwa 100 g)**
- **6 EL Rapsöl**
- **Salz**
- **frisch gemahlener Pfeffer**
- **10 Scheiben Doppelback-Brot**
- **1 Bund Petersilie**
- **2 Pck. Sauce Hollandaise (je 250 ml, Tetrapack)**

1 Von den Zuckerschoten die Enden abschneiden und die Schoten evtl. abfädeln. Schoten waschen und abtropfen lassen. Wasser mit Salz in einem Topf zum Kochen bringen. Schoten hinzufügen und etwa 1 Minute blanchieren. Anschließend die Schoten mit einem Schaumlöffel herausnehmen, in ein Sieb geben, mit kaltem Wasser übergießen und gut abtropfen lassen.

2 Wasser wieder zum Kochen bringen. Möhren und Zucker hinzugeben. Diese etwa 4 Minuten garen. Dann die Möhren in ein Sieb geben und gut abtropfen lassen.

3 Filetscheiben unter fließendem kalten Wasser abspülen und trockentupfen. Rapsöl in einer großen Pfanne erhitzen. Die Filetscheiben darin von jeder Seite etwa 4 Minuten braten und mit Salz und Pfeffer würzen.

4 Brotscheiben toasten und auf 2 Backbleche (mit Backpapier belegt) legen. Zuerst die Zuckerschoten auf den Brotscheiben verteilen, je eine Filetscheibe darauf legen und mit den Möhren belegen. Die Backbleche nacheinander (bei Heißluft zusammen) in den Backofen schieben.

Ober-/Unterhitze:
etwa 200 °C (vorgeheizt)
Heißluft: etwa 180 °C (vorgeheizt)
Gas: Stufe 3–4 (vorgeheizt)
Backzeit: etwa 5 Min. je Backblech.

5 Petersilie kalt abspülen, trockentupfen, die Blättchen von den Stängeln zupfen und fein hacken.

6 Sauce Hollandaise nach Packungsanleitung zubereiten. Die gebackenen Toasts mit der Sauce übergießen und, mit Petersilie bestreut, sofort servieren.

■ **Tipp:**
Sie können die Sauce Hollandaise auch selbst zubereiten. Zerlassen Sie dazu 250 g Butter und lassen Sie diese anschließend etwas abkühlen. Rühren Sie 3 Eigelb und 3 Esslöffel Weißwein in einer Schüssel im heißen Wasserbad schaumig. Rühren Sie dann langsam die Butter darunter. Würzen Sie die Sauce mit Salz, Pfeffer und Zitronensaft. Verwenden Sie nur ganz frische Eier!

Vegetarischer Toast

Zubereitungszeit: 45 Min.
Backzeit: etwa 5 Min.
je Backblech

Pro Stück:
E: 14 g, F: 16 g, Kh: 30 g,
kJ: 1333, kcal: 319

- 500 g Brokkoli
- Wasser
- ½ gestr. TL Salz
- 2 mittelgroße rote Zwiebeln
- 4 mittelgroße Tomaten
- 1 Dose Gemüsemais (Abtropfgewicht 285 g)
- 10 Scheiben Roggenmischbrot
- 350 g Tsatsiki
- Salz
- frisch gemahlener Pfeffer
- 200 g eingelegte rote Paprikaschoten
- 200 g Allgäuer Emmentaler-Käse in Scheiben
- 100 g geröstete Sonnenblumenkerne

1 Von dem Brokkoli die Blätter entfernen. Brokkoli in Röschen teilen, waschen und abtropfen lassen. Wasser mit Salz in einem Topf zum Kochen bringen. Die Röschen hinzugeben und etwa 10 Minuten kochen. Brokkoliröschen in ein Sieb gießen, mit kaltem Wasser übergießen und abtropfen lassen.

2 Zwiebeln abziehen und in dünne Scheiben schneiden. Tomaten waschen, abtrocknen, halbieren und die Stängelansätze entfernen. Tomaten in Scheiben schneiden. Mais in einem Sieb abtropfen lassen.

3 Brotscheiben toasten und auf 2 Backbleche (mit Backpapier belegt) legen. Die Brotscheiben gleichmäßig mit dem Tsatsiki bestreichen. Zwiebel- und Tomatenscheiben, Brokkoliröschen und Mais darauf geben, mit Salz und Pfeffer bestreuen.

4 Paprika in einem Sieb abtropfen lassen. Käse und Paprika in etwa 2 cm breite Streifen schneiden und die vorbereiteten Brotscheiben damit belegen. Sonnenblumenkerne darauf streuen.

5 Die Backbleche nacheinander (bei Heißluft zusammen) in den Backofen schieben.

Ober-/Unterhitze:
etwa 200 °C (vorgeheizt)
Heißluft: etwa 180 °C (vorgeheizt)
Gas: Stufe 3–4 (vorgeheizt)
Backzeit: etwa 5 Min. je Backblech.

- **Abwandlung:**
Ersetzen Sie den Brokkoli durch 1 große Zucchini und 2 mittlere rote Paprikaschoten. Schneiden Sie die Zucchini und die Paprikaschoten in feine Streifen. Erhitzen Sie etwa 3 Esslöffel Olivenöl in einer Pfanne und dünsten Sie die Gemüsestreifen darin an. Arbeiten Sie dann, wie ab Punkt 2 angegeben weiter.

FÜR GÄSTE

Toast Chinatown

**Zubereitungszeit: 50 Min.,
ohne Marinierzeit
Backzeit: 8–10 Min.
je Backblech**

**Pro Stück:
E: 31 g, F: 17 g, Kh: 12 g,
kJ: 1364, kcal: 326**

- **500 g Roastbeef
  oder Hüftsteak**
- **40 g Ingwerwurzel**
- **1 TL Currypulver**
- **1 EL Sojasauce**
- **1 EL Austernsauce
  (gibt es im Spezialitäten-
  regal von Supermärkten)**
- **2 TL Speisestärke**
- **1 Stange Porree (Lauch)**
- **1 rote Paprikaschote**
- **100 g Möhren**
- **200 g Zuckerschoten**
- **Salzwasser**
- **1 Dose Mungobohnen-
  keime
  (Abtropfgewicht 220 g)**
- **6 EL Sojaöl**
- **10 Scheiben Sojabrot
  (oder Mischbrot)**
- **250 ml (¹/4 l) Hot-Chili-
  Sauce (aus der Flasche)**
- **250 g Mozzarella-Käse
  in Scheiben**
- **Chilipulver**

1 Roastbeef oder Hüftsteak unter fließendem kalten Wasser abspülen, trockentupfen und zuerst in dünne Scheiben, dann in Streifen schneiden. Ingwer schälen und in feine Würfel schneiden.

2 Curry mit Soja-, Austernsauce, Speisestärke und Ingwer verrühren. Die Fleischstreifen mit der Sauce vermengen und und etwa 1 Stunde marinieren lassen, dabei kalt stellen.

3 Von dem Porree die Außenblätter entfernen. Wurzelende und dunkles Grün abschneiden, die Stange seitlich einschneiden, gründlich waschen und abtropfen lassen. Porreestange etwa in ¹/2 cm lange Stücke schneiden.

4 Paprikaschote halbieren, entstielen, entkernen und die weißen Scheidewände entfernen. Die Schote waschen, abtropfen lassen und in Streifen schneiden. Möhren putzen, schälen, waschen, abtropfen lassen und in dünne Stifte schneiden. Von den Zuckerschoten die Enden abschneiden, die Schoten evtl. abfädeln, waschen und abtropfen lassen.

5 Wasser in einem Topf zum Kochen bringen. Porreestücke, Zuckerschoten, Möhrenstifte und Paprikastreifen darin nacheinander etwa 1 Minute blanchieren. Dann in ein Sieb geben, mit kaltem Wasser übergießen und abtropfen lassen. Mungobohnenkeime in einem Sieb abtropfen lassen.

6 Das Sojaöl in einer großen Pfanne erhitzen und die Rindfleischstreifen portionsweise unter Rühren darin 6–8 Minuten braten.

7 Die Brotscheiben toasten, mit der Hot-Chili-Sauce bestreichen und auf 2 Backbleche (mit Backpapier belegt) legen. Die gebratenen Rindfleischstreifen mit dem Gemüse vermischen und gleichmäßig auf den Brotscheiben verteilen. Mit Käse belegen und mit Chili bestreuen.

(Fortsetzung Seite 14)

8 Die Backbleche nacheinander (bei Heißluft zusammen) in den Backofen schieben.

Ober-/Unterhitze:
etwa 200 °C (vorgeheizt)
Heißluft: etwa 180 °C (vorgeheizt)
Gas: Stufe 3–4 (vorgeheizt)
Backzeit: 8–10 Min. je Backblech.

■ **Tipp:**
Statt Fleisch und Gemüse können Sie auch eine fertige Chinamischung (750 g) aus der TK-Truhe verwenden. Bereiten Sie diese nach Packungsanleitung zu und verarbeiten Sie sie wie ab Punkt 7 angegeben weiter.

Holländischer Shrimps-Toast

Zubereitungszeit: 35 Min.
Backzeit: etwa 8 Min.

Pro Stück:
E: 25 g, F: 24 g, Kh: 20 g,
kJ: 1650, kcal: 395

- **1 Zwiebel**
- **3 EL Speiseöl**
- **600 g TK-Blattspinat**
- **10 Scheiben Toastbrot**
- **125 g weiche Knoblauchbutter**
- **400 g gegarte Shrimps**
- **500 g mittelalter Gouda-Käse**
- **3 mittelgroße Tomaten**
- **frisch gemahlener Pfeffer**

1 Zwiebel abziehen und in kleine Würfel schneiden. Speiseöl in einem Topf erhitzen, Zwiebelwürfel darin andünsten. Spinat hinzufügen und nach Packungsanleitung zubereiten. Anschließend in einem Sieb abtropfen lassen.

2 Toastscheiben toasten, mit Knoblauchbutter bestreichen und auf 2 Backbleche (mit Backpapier belegt) legen.

3 Den Spinat gleichmäßig auf den Toastscheiben verteilen und die Shrimps darauf legen.

4 Käse zuerst in Scheiben, dann in Streifen schneiden. Toastscheiben gitterartig mit den Käsestreifen belegen. Die Backbleche nacheinander (bei Heißluft zusammen) in den Backofen schieben.

Ober-/Unterhitze:
etwa 220 °C (vorgeheizt)
Heißluft: etwa 200 °C (vorgeheizt)
Gas: Stufe 4–5 (vorgeheizt)
Backzeit: etwa 8 Min.

5 Tomaten waschen, trockentupfen und halbieren. Stängelansätze entfernen. Tomaten in Achtel schneiden. Überbackene Toastscheiben auf Tellern mit den Tomatenachteln anrichten und mit Pfeffer bestreut servieren.

Roquefort-Apfel-Toast

Zubereitungszeit: 50 Min.
Backzeit: etwa 8 Min.

Pro Stück:
E: 11 g, F: 20 g, Kh: 19 g,
kJ: 1277, kcal: 305

- **4 Äpfel (z. B. Boskop)**
- **500 ml (½ l) Wasser**
- **2 EL Zitronensaft**
- **200 g Roquefort- oder anderer Blauschimmel-Käse**
- **10 Scheiben Weißbrot**
- **100 g weiche Butter**
- **150 g frisch geriebener Parmesan-Käse**

1 Äpfel waschen, abtrocknen und schälen. Das Kerngehäuse der Äpfel mit einem Apfelausstecher ausstechen. Äpfel in etwa ½ cm dicke Ringe schneiden.

2 Wasser mit Zitronensaft in einem Topf zum Kochen bringen und die Apfelringe darin 4 Minuten kochen. Apfelringe mit einem Schaumlöffel herausnehmen und in einem Sieb gut abtropfen lassen. Roquefort-Käse in dünne Scheiben schneiden.

3 Weißbrotscheiben toasten, mit Butter bestreichen und auf 2 Backbleche (mit Backpapier belegt) legen. Je 2 Apfelringe auf eine Weißbrotscheibe legen, dann die Roquefort-Käsescheiben darauf legen. Mit Parmesan-Käse bestreuen.

4 Die Backbleche nacheinander (bei Heißluft zusammen) in den Backofen schieben.

Ober-/Unterhitze:
etwa 220 °C (vorgeheizt)
Heißluft: etwa 200 °C (vorgeheizt)
Gas: Stufe 4–5 (vorgeheizt)
Backzeit: etwa 8 Min.

- **Abwandlung:**

Bereiten Sie den Toast statt mit Äpfeln mit Birnen aus der Dose zu. Lassen Sie 2 Dosen Birnenhälften (Abtropfgewicht je 460 g) in einem Sieb gut abtropfen. Schneiden Sie die Birnenhälften in dickere Spalten. Bestreichen Sie die Toastscheiben anstatt mit Butter mit Doppelrahm-Frischkäse und belegen diese abwechselnd mit Birnenspalten und Blauschimmel-Käse in Scheiben. Nach dem Backen können Sie die Toasts mit jeweils 1 Teelöffel Preiselbeeren garnieren.

- **Tipp:**

Sie können die Apfelringe statt in Zitronenwasser auch in Weißwein kochen.

Toast Armer Ritter

Zubereitungszeit: 50 Min.
Backzeit: 5–8 Min.
je Backblech

Pro Stück:
E: 15 g, F: 16 g, Kh: 27 g,
kJ: 1261, kcal: 302

Für die Sauce:
- ■ **600 g Champignons**
- ■ **1 Bund Frühlingszwiebeln**
- ■ **1 Dose Gemüsemais**
  (Abtropfgewicht 285 g)
- ■ **1 Pck. Steinpilzsuppe**
- ■ **500 ml (½ l) Wasser**
- ■ **200 ml Schlagsahne**
- ■ **80 g Schinkenwürfel**

Für den Toast:
- ■ **10 Scheiben**
  Kastenweißbrot
- ■ **5 Frikadellen (etwa 400 g,**
  aus dem Kühlregal)

Zum Garnieren:
- ■ **1 Bund Petersilie**

1 Für die Sauce Champignons putzen, mit Küchenpapier abreiben, evtl. abspülen, trockentupfen und in Scheiben schneiden. Frühlingszwiebeln putzen, waschen, abtropfen lassen und in etwa 3 cm lange Stücke schneiden. Mais in einem Sieb abtropfen lassen.

2 Steinpilzsuppe mit Wasser und Sahne in einem Topf verrühren und unter Rühren zum Kochen bringen. Champignonscheiben hinzugeben und etwa 5 Minuten köcheln lassen. Dabei gelegentlich umrühren. Dann die Frühlingszwiebelstücke, den Mais und die Schinkenwürfel in die Suppe geben und nochmals kurz aufkochen lassen. Die Sauce von der Kochstelle nehmen, aber warm halten.

3 Für den Toast Weißbrot toasten und auf 2 Backbleche (mit Backpapier belegt) legen. Frikadellen einmal waagerecht halbieren und je eine Frikadellenhälfte auf eine Weißbrotscheibe geben.

4 Die Backbleche nacheinander (bei Heißluft zusammen) in den Backofen schieben.

Ober-/Unterhitze:
etwa 200 °C (vorgeheizt)
Heißluft: etwa 180 °C (vorgeheizt)
Gas: Stufe 3–4 (vorgeheizt)
Backzeit: 5–8 Min. je Backblech.

5 Zum Garnieren Petersilie abspülen und trockentupfen. Die Blättchen von den Stängeln zupfen und die Blättchen fein hacken. Die gebackenen Weißbrotscheiben auf Tellern anrichten und die Sauce gleichmäßig darauf verteilen. Mit Petersilie bestreut sofort servieren.

■ **Tipp:**
Sie können die **Frikadellen** auch selbst zubereiten. Dazu benötigen Sie:
1 Brötchen (Semmel) vom Vortag, 2 Zwiebeln, 500 g Gehacktes (halb Rind-, halb Schweinefleisch), 1 Ei, 1 Esslöffel mittelscharfen Senf, Salz und Pfeffer. Weichen

(Fortsetzung Seite 20)

Sie das Brötchen in kaltem Wasser ein und drücken Sie es gut aus. Ziehen Sie die Zwiebeln ab und schneiden Sie die Zwiebeln in Würfel. Vermengen Sie das Gehackte mit dem Brötchen, den Zwiebelwürfeln, dem Ei und dem Senf. Würzen Sie die Gehacktesmasse mit Salz und Pfeffer. Formen Sie mit angefeuchteten Händen 10 kleine flache Frikadellen und legen Sie diese auf ein gefettetes Backblech. Schieben Sie das Backblech **bei der unter Punkt 4 angegebenen Backofeneinstellung etwa 25 Minuten in den Backofen**. Die Frikadellen nach der Hälfte der Garzeit wenden.

Trauben-Toast mit Schinken

Zubereitungszeit: 30 Min.
Backzeit: etwa 10 Min.

Pro Stück:
E: 25 g, F: 22 g, Kh: 33 g,
kJ: 1813, kcal: 433

- **1 kg grüne Weintrauben**
- **10 Scheiben Toastbrot**
- **100 g weiche Butter**
- **10 große Scheiben gekochter Schinken**
- **20 kleine Scheiben Gouda-Käse (z. B. Mai-Gouda)**

1 Weintrauben waschen, trockentupfen und entstielen. Etwa 10 Weintrauben zum Garnieren beiseite legen. Die restlichen Weintrauben halbieren und evtl. entkernen.

2 Toastscheiben toasten, mit Butter bestreichen und auf ein Backblech (mit Backpapier belegt) legen.

3 Schinkenscheiben halbieren und von der schmalen Seite her aufrollen. Je 2 Schinkenröllchen auf eine Toastscheibe legen und Weintraubenhälften darauf verteilen. Die Toastscheiben mit je 2 Käsescheiben belegen.

4 Das Backblech in den Backofen schieben.

Ober-/Unterhitze:
etwa 220 °C (vorgeheizt)
Heißluft: etwa 200 °C (vorgeheizt)
Gas: Stufe 4–5 (vorgeheizt)
Backzeit: etwa 10 Min.

5 Beiseite gelegte Weintrauben in Scheiben schneiden und die überbackenen Toastscheiben damit garnieren.

- **Tipp:**

Statt mit Weintrauben kann der Toast auch mit anderem Obst (z. B. gut abgetropften Mandarinen oder Ananasscheiben aus der Dose) belegt werden.

Riesentoast

**Zubereitungszeit: 60 Min.
Backzeit: 10–12 Min.
je Backblech**

**Insgesamt:
E: 362 g, F: 325 g, Kh: 680 g,
kJ: 29864, kcal: 7143**

- 800 g Schweinenacken ohne Knochen
- etwa 1 EL Gyrosgewürz
- 6 EL Olivenöl
- 400 g Tomaten
- 1 Salatgurke (etwa 700 g)
- 1 mittelgroßer Eisbergsalat
- 2 große Fladenbrote (je etwa 600 g)
- 1 kg Tsatsiki (aus dem Kühlregal)
- 100 g schwarze Oliven (ohne Stein)
- 400 g Schafkäse

1 Den Schweinenacken unter fließendem kalten Wasser abspülen und trockentupfen. Zuerst in dünne Scheiben, dann in dünne Streifen schneiden. Fleischstreifen mit Gyrosgewürz würzen. Olivenöl in einer Pfanne erhitzen und die Fleischstreifen darin portionsweise braten.

2 Tomaten waschen, abtrocknen und halbieren. Die Stängelansätze herausschneiden und die Tomaten in Scheiben schneiden. Gurke schälen und die Enden abschneiden. Gurke in etwa 1 x 1 cm große Würfel schneiden. Von dem Eisbergsalat die äußeren welken Blättern entfernen. Den Salat halbieren, in dünne Streifen schneiden, waschen und trockenschleudern oder trockentupfen.

3 Die Fladenbrote waagerecht halbieren und je 2 Hälften mit den Schnittflächen nach oben auf ein Backblech (mit Backpapier belegt) legen. Die Fladenbrothälften mit Tsatsiki bestreichen und mit Eisbergsalat, Gurkenwürfeln, Tomatenscheiben, Oliven und Fleischstreifen belegen.

4 Schafkäse in kleine Würfel schneiden und auf den belegten Fladenbrothälften verteilen, mit Gyrosgewürz bestreuen. Die Backbleche nacheinander (bei Heißluft zusammen) in den Backofen schieben.

**Ober-/Unterhitze:
etwa 200 °C (vorgeheizt)
Heißluft: etwa 180 °C (vorgeheizt)
Gas: Stufe 3–4 (vorgeheizt)
Backzeit: 10–12 Min. je Backblech.**

- **Tipp:**

Wer etwas Zeit sparen möchte, kann auch küchenfertiges Gyrosfleisch kaufen und wie unter Punkt 1 angegeben braten.

FÜR GÄSTE · GUT VORZUBEREITEN

Toast Helene

(Foto)
Zubereitungszeit: 35 Min.
Backzeit: 5–6 Min.
je Backblech

Pro Stück:
E: 15 g, F: 11 g, Kh: 35 g,
kJ: 1278, kcal: 306

- **300 g Staudensellerie**
- **Wasser**
- **10 Scheiben Super Vollkorn-Sandwichtoast**
- **300 g Hähnchenbrustfilet-Aufschnitt**
- **200 g Roquefort-Käse**
- **2 Dosen Birnenhälften (Abtropfgewicht je 460 g)**
- **50 g gehackte Walnusskerne**

1 Staudensellerie putzen, waschen und die harten Außenfäden abziehen. Sellerie waschen, abtropfen lassen und in etwa $1/2$ cm dicke Stücke schneiden. Wasser in einem Topf zum Kochen bringen und die Staudenselleriestücke darin etwa 1 Minute blanchieren. In ein Sieb geben, mit kaltem Wasser übergießen und gut abtropfen lassen.

2 Sandwichtoasts toasten und auf 2 Backbleche (mit Backpapier belegt) legen. Die Toastscheiben gleichmäßig mit dem Hähnchenbrustfiletscheiben belegen.

3 Roquefort-Käse in Scheiben schneiden. Birnenhälften in einem Sieb abtropfen lassen und jede Birnenhälfte längs in Scheiben schneiden. Die Birnenscheiben fächerartig auf die Toastscheiben legen und mit den Käsescheiben bedecken. Walnusskerne und Staudensellerie darauf streuen.

4 Die Backbleche nacheinander (bei Heißluft zusammen) in der Backofen schieben.

Ober-/Unterhitze:
etwa 200 °C (vorgeheizt)
Heißluft: etwa 180 °C (vorgeheizt)
Gas: Stufe 3–4 (vorgeheizt)
Backzeit: 5–6 Min. je Backblech.

- **Tipp:**
Wer keinen Roquefort-Käse mag, kann auch milderen Blauschimmelkäse (z. B. Cambozola oder Danablu) verarbeiten.

Toast mit Putenbrust

Zubereitungszeit: 30 Min.
Backzeit: etwa 8 Min.

Pro Stück:
E: 13 g, F: 13 g, Kh: 26 g,
kJ: 1134, kcal: 271

- **10 Scheiben Vollkorntoastbrot**
- **80 g weiche Butter**
- **2 geh. EL Mango-Chutney**
- **1 Dose Pfirsichhälften (Abtropfgewicht 480 g)**
- **300 g Putenbrustaufschnitt**
- **125 g geriebener Pizza-Käse**

1 Toastscheiben toasten. Butter mit dem Mango-Chutney verrühren, die Toastscheiben damit bestreichen und auf ein Backblech (mit Backpapier belegt) legen.

(Fortsetzung Seite 26)

2 Pfirsichhälften in einem Sieb abtropfen lassen und in dünne Spalten schneiden. Toastscheiben mit dem Putenbrustaufschnitt und den Pfirsichspalten belegen, mit Käse bestreuen.

3 Das Backblech in den Backofen schieben.

Ober-/Unterhitze:
etwa 200 °C (vorgeheizt)
Heißluft: etwa 180 °C (vorgeheizt)
Gas: Stufe 3–4 (vorgeheizt)
Backzeit: etwa 8 Min.

Toast Toskana

Zubereitungszeit: 60 Min.,
ohne Abkühlzeit
Backzeit: 5–6 Min.
je Backblech

Insgesamt:
E: 173 g, F: 270 g, Kh: 305 g,
kJ: 18013, kcal: 4304

- **2 Ciabatta-Brote (zum Aufbacken, je 300 g)**
- **4 Knoblauchzehen**
- **800 g Austernpilze**
- **125 ml (1/8 l) Olivenöl**
- **Salz**
- **frisch gemahlener Pfeffer**
- **1 Glas getrocknete Tomaten in Öl (Abtropfgewicht 340 g)**
- **180 g schwarze Olivenpaste**
- **250 g Mozzarella-Käse**
- **150 g frisch geraspelter Parmesan-Käse**

Zum Garnieren:
- **1 Bund Petersilie**

1 Ciabatta nach Packungsanleitung aufbacken, etwas abkühlen lassen und jedes Brot in etwa 15 Scheiben schneiden. Die Brotscheiben auf 2 Backbleche (mit Backpapier belegt) legen. Die Backbleche nacheinander unter den vorgeheizten Grill schieben und die Brotscheiben von jeder Seite 2–3 Minuten toasten.

2 Knoblauch abziehen und in feine Würfel schneiden. Austernpilze putzen, mit Küchenpapier abreiben, evtl. abspülen und trockentupfen. Olivenöl in einer großen Pfanne erhitzen und die Pilze darin portionsweise braten. Mit Salz, Pfeffer und Knoblauch würzen.

3 Tomaten in einem Sieb abtropfen lassen. Die Ciabattascheiben mit Olivenpaste bestreichen, mit Austernpilzen und den Tomaten belegen.

4 Mozzarella in Scheiben schneiden und auf die vorbereiteten Toastscheiben legen, mit Parmesan-Käse bestreuen. Die Backbleche nacheinander (bei Heißluft zusammen) in den Backofen schieben.

Ober-/Unterhitze:
etwa 200 °C (vorgeheizt)
Heißluft: etwa 180 °C (vorgeheizt)
Gas: Stufe 3–4 (vorgeheizt)
Backzeit: 5–6 Min. je Backblech.

5 Zum Garnieren Petersilie abspülen und trockentupfen. Die Blättchen von den Stängeln zupfen und die Blättchen fein hacken. Die Toasts mit der Petersilie bestreut servieren.

- **Tipp:**

Statt getrockneter Tomaten können Sie auch 6–8 enthäutete, entkernte und in Würfel geschnittene Tomaten verwenden. Geben Sie zusätzlich einige in Streifen geschnittene Basilikumblätter unter die Tomatenwürfel.

Toast im Pfännchen

Zubereitungszeit: 50 Min.
Backzeit: etwa 10 Min.

Pro Stück:
E: 17 g, F: 21 g, Kh: 24 g,
kJ: 1447, kcal: 345

Für die Käsesauce:
- **50 g Butter**
- **40 g Weizenmehl**
- **500 ml (1/2 l) Fleischbrühe**
- **200 ml Schlagsahne**
- **250 g geriebener
  mittelalter Gouda-Käse**

Für den Toast:
- **10 Scheiben Toastbrot**
- **1 kg Champignons**
- **2 Zwiebeln**
- **150 g gewürfelter
  Frühstücksspeck (Bacon)**
- **Salz**
- **frisch gemahlener Pfeffer**
- **500 g Tomaten**

Zum Garnieren:
- **vorbereitete
  Basilikumblättchen**

1 Für die Sauce Butter in einem Topf zerlassen. Mehl dazugeben und unter Rühren so lange darin erhitzen, bis es hellgelb ist. Brühe und Sahne hinzugießen. Mit einem Schneebesen durchschlagen, darauf achten, dass keine Klümpchen entstehen. Sauce kurz aufkochen lassen. Käse hinzugeben und unter Rühren darin schmelzen.

2 Für den Toast Toastbrotscheiben toasten, je eine Scheibe in ein Pfännchen (Portions-Gratinform, gefettet) legen.

3 Champignons putzen, mit Küchenpapier abreiben, evtl. abspülen und trockentupfen. Champignons längs halbieren. Zwiebeln abziehen und in kleine Würfel schneiden. Speckwürfel in einer großen Pfanne auslassen, Zwiebelwürfel hinzugeben und glasig dünsten. Pilze hinzufügen und etwa 5 Minuten mit andünsten. Mit Salz und Pfeffer würzen.

4 Tomaten waschen, abtropfen lassen, kreuzweise einschneiden, kurz in kochendes Wasser legen und in kaltem Wasser abschrecken. Tomaten enthäuten, die Stängelansätze herausschneiden. Tomaten achteln. Tomatenachtel zu der Pilzmasse geben und kurz durchschwenken. Pilz-Tomaten-Masse auf die Toastbrotscheiben geben und die Käsesauce darauf verteilen. Die Pfännchen auf dem Rost nacheinander (bei Heißluft auf 2–3 Rosten zusammen) in den Backofen schieben.

Ober-/Unterhitze:
etwa 230 °C (vorgeheizt)
Heißluft: etwa 200 °C (vorgeheizt)
Gas: Stufe 4–5 (vorgeheizt)
Backzeit: etwa 10 Min.

5 Toastpfännchen mit Basilikumblättchen bestreut servieren.

- **Tipp:**
Den Toast mit einem gemischten Sala als kleines Abendgericht servieren. Statt in Portionspfännchen können Sie diesen Toast auch auf Backblechen (mit Backpapier belegt) zubereiten.

Italienischer Toast

Zubereitungszeit: 20 Min.
Backzeit: etwa 10 Min.

Pro Stück:
E: 10 g, F: 10 g, Kh: 17 g,
kJ: 844, kcal: 201

- **10 große Scheiben Ciabatta-Brot**
- **4 EL Tomatenmark**
- **2 EL Salatmayonnaise**
- **Salz**
- **Kräuter der Provence**
- **frisch gemahlener Pfeffer**
- **8 mittelgroße Tomaten**
- **3 Pck. Mozzarella-Käse (je 125 g)**
- **frisch gemahlener bunter Pfeffer**

Zum Garnieren:
- **einige Basilikumstängel**

1 Ciabattascheiben toasten. Tomatenmark, Mayonnaise, Salz, Kräuter der Provence und Pfeffer miteinander verrühren. Brotscheiben damit bestreichen und auf ein Backblech (mit Backpapier belegt) legen.

2 Tomaten waschen, abtrocknen, halbieren und die Stängelansätze herausschneiden. Tomaten in Scheiben schneiden.

3 Mozzarella-Käse in einem Sieb abtropfen lassen und in Scheiben schneiden. Diese nochmals halbieren. Die Brotscheiben abwechselnd dachziegelartig mit Tomaten- und Mozzarellascheiben belegen. Mit Pfeffer bestreuen.

4 Das Backblech in den Backofen schieben.

Ober-/Unterhitze:
etwa 200 °C (vorgeheizt)
Heißluft: etwa 180 °C (vorgeheizt)
Gas: Stufe 3–4 (vorgeheizt)
Backzeit: etwa 10 Min.

5 Zum Garnieren Basilikumstängel abspülen und trockentupfen. Überbackene Ciabattascheiben mit Basilikumstängeln garniert sofort servieren.

- **Abwandlung:**
Herzhafter schmeckt der Toast, wenn Sie die Hälfte des Mozzarella-Käses durch Schafkäse ersetzen und den Toast zusätzlich mit gerösteten Pinienkernen bestreuen.

- **Tipp:**
Noch schneller geht es, wenn Sie die Ciabattascheiben mit einem Basilikum-Pesto bestreichen und dann mit den Tomaten- und Mozzarellascheiben belegen.
Der Toast eignet sich gut als Vorspeise. Für ein Hauptgericht verdoppeln Sie die angegebenen Zutaten und reichen Sie einen bunten Salat dazu.

Toast Mexikana

Zubereitungszeit: 45 Min.
Backzeit: 6–8 Min.
je Backblech

Pro Stück:
E: 26 g, F: 23 g, Kh: 34 g,
kJ: 1872, kcal: 447

- 500 g Hähnchenbrustfilets
- 4 EL Rapsöl
- Mexikogewürzmischung
- 150 g Naturjoghurt
- 100 g Sahnequark
- 1 gestr. TL Korianderpulver
- Salz
- frisch gemahlener Pfeffer
- 10 Scheiben Kosakenbrot (Mischbrot mit einem hohen Anteil Roggenmehl)
- 2 reife Avocados
- 2–3 EL Limettensaft
- 1 Dose Gemüsemais (Abtropfgewicht 140 g)
- 250 g Tomaten
- 1 Dose Chili-Bohnen (Einwaage 400 g)
- 200 g gewürfelter Emmentaler-Käse

Zum Garnieren:
- 1 Tüte (100 g) Chili- oder Tortilla-Chips

1 Das Hähnchenbrustfilet unter fließendem kalten Wasser abspülen, trockentupfen und in Streifen schneiden. Rapsöl in einer großen Pfanne erhitzen und die Hähnchenstreifen darin unter mehrmaligen Rühren 8–10 Minuten braten, mit der Mexikogewürzmischung würzen.

2 Joghurt mit Quark und Koriander verrühren, mit Salz und Pfeffer würzen. Brotscheiben toasten, mit der Joghurt-Quark-Creme bestreichen und auf 2 Backbleche (mit Backpapier belegt) legen.

3 Avocados halbieren und jeweils den Kern herauslösen. Avocadohälften schälen und das Fruchtfleisch längs in Spalten schneiden. Die Spalten mit Limettensaft beträufeln. Mais in ein Sieb geben und abtropfen lassen.

4 Tomaten waschen, abtrocknen und halbieren. Die Stängelansätze herausschneiden und Tomaten in Scheiben schneiden.

5 Die Brotscheiben mit je etwa 3 Avocadospalten, Chilibohnen, Mais, 2–3 Tomatenscheiben und den Hähnchenstreifen belegen. Käsewürfel darauf verteilen und mit der Mexikogewürzmischung bestreuen.

6 Die Backbleche nacheinander (bei Heißluft zusammen) in der Backofen schieben.

Ober-/Unterhitze:
etwa 200 °C (vorgeheizt)
Heißluft: etwa 180 °C (vorgeheizt)
Gas: Stufe 3–4 (vorgeheizt)
Backzeit: 6–8 Min. je Backblech.

7 Zum Garnieren einige Chips zerkleinern und die Toasts damit bestreuen. Restliche Chips dazureichen.

- **Tipp:**
Servieren Sie einen scharfen Dip (z. B. fertig gekaufte Zigeuner- oder Teufelssauce) dazu.
Gut passt auch ein gemischter Salat, den Sie mit den restlichen Chips bestreuen können.

Toast Scandia

Zubereitungszeit: 35 Min.
Backzeit: 6–8 Min.
je Backblech

Pro Stück:
E: 17 g, F: 15 g, Kh: 21 g,
kJ: 1201, kcal: 287

- 1 Bund Dill
- 250 g Joghurt-Salat-Creme
- 2 TL Dijon-Senf
- 2 TL flüssiger Honig
- 50 g Echtlachscreme
  (Tube aus dem Kühlregal)
- 1 große Salatgurke
- 250 g Mozzarella-Käse
- 10 Scheiben
  Weizenmischbrot
- 400 g Räucherlachs,
  in Scheiben
- frisch gemahlener Pfeffer

1 Dill abspülen, trockentupfen und 10 kleine Zweige beiseite legen. Vom restlichen Dill die Spitzen von den Stängeln zupfen. Spitzen fein hacken. Joghurt-Salat-Creme mit Senf, Honig, Lachscreme und Dill verrühren.

2 Gurke schälen und die Enden abschneiden. Gurke der Länge nach halbieren und die Kerne mit einem Teelöffel herausschaben. Jede Gurkenhälfte in 5 gleich lange Stücke schneiden. Mozzarella abtropfen lassen und in Scheiben schneiden.

3 Brotscheiben toasten, mit der Joghurtcreme bestreichen und auf zwei Backbleche (mit Backpapier belegt) legen. Jeweils ein Gurkenstück auf eine bestrichene Brotscheibe legen. Lachsscheiben gleichmäßig darauf verteilen und mit den Käsescheiben belegen. Mit Pfeffer bestreuen.

4 Die Backbleche nacheinander (bei Heißluft zusammen) in den Backofen schieben.

Ober-/Unterhitze:
etwa 200 °C (vorgeheizt)
Heißluft: etwa 180 °C (vorgeheizt)
Gas: Stufe 3–4 (vorgeheizt)
Backzeit: 6–8 Min. je Backblech.

5 Die überbackenen Toasts mit dem beiseite gelegten Dill garniert servieren.

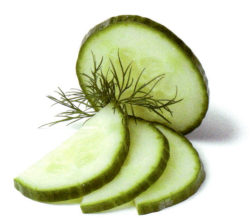

- **Tipp:**
Wenn Sie keine Echtlachscreme bekommen, können Sie diese durch Cocktailsauce ersetzen.

Porree-Roquefort-Toast

(im Foto rechts)
Zubereitungszeit: 45 Min.
Backzeit: etwa 10 Min.

Pro Stück: E: 23 g, F: 26 g,
Kh: 23 g, kJ: 1771, kcal: 423

- **10 dünne Stangen Porree (Lauch)**
- **500 ml (1/2 l) Wasser**
- **1 gestr. TL Salz**
- **10 Scheiben Toastbrot**
- **125 g weiche Butter**
- **10 Scheiben gekochter Schinken**

Für die Käsesauce:
- **300 g Roquefort-Käse**
- **30 g Butter**
- **25 g Weizenmehl**
- **250 ml (1/4 l) Milch**
- **1 TL Instant-Gemüsebrühe**
- **frisch gemahlener Pfeffer**
- **gerebelter Oregano**

Zum Garnieren:
- **vorbereitete Thymianzweige**

1 Von dem Porree die Außenblätter entfernen, Wurzelenden und dunkles Grün abschneiden. Porree längs halbieren, gründlich waschen, abtropfen lassen und in Stücke schneiden (in der Länge der Toastbrotscheiben). Wasser und Salz in einem Topf zum Kochen bringen. Porreestücke hinzugeben und zugedeckt etwa 5 Minuten kochen. Anschließend in einem Sieb abtropfen lassen.

2 Toastscheiben toasten, mit Butter bestreichen und auf 2 Backbleche (mit Backpapier belegt) legen. Auf jede Toastscheibe eine Scheibe Schinken geben und die Porreestücke gleichmäßig darauf verteilen.

3 Für die Sauce Käse grob zerbröseln. Butter in einem Topf zerlassen. Mehl dazugeben und unter Rühren so lange darin erhitzen, bis es hellgelb ist. Milch nach und nach hinzugießen und mit einem Schneebesen durchschlagen. Darauf achten, dass keine Klümpchen entstehen, die Sauce zum Kochen bringen. Brühe und Käsebrösel unterrühren. Mit Salz, Pfeffer und Oregano abschmecken. Käsesauce auf den Toastscheiben verteilen. Die Backbleche nacheinander (bei Heißluft zusammen) in den Backofen schieben.

Ober-/Unterhitze:
etwa 220 °C (vorgeheizt)
Heißluft: etwa 200 °C (vorgeheizt)
Gas: Stufe 4–5 (vorgeheizt)
Backzeit: etwa 10 Min.

4 Überbackene Toasts mit Thymianzweigen garniert servieren.

Manhattan Toast

(im Foto links)
Zubereitungszeit: 45 Min.
Backzeit: etwa 10 Min.

Pro Stück:
E: 36 g, F: 11 g, Kh: 29 g,
kJ: 1526, kcal: 364

- **5 Hähnchenbrustfilets**
- **2 EL Speiseöl**
- **Salz**
- **frisch gemahlener Pfeffer**
- **10 Scheiben Ananas (aus der Dose)**
- **10 Scheiben Toastbrot**
- **10 Scheiben Schinkenspeck**
- **3 Tomaten**
- **10 Scheiben Butter-Käse**
- **Paprikapulver edelsüß**

(Fortsetzung Seite 38)

1 Hähnchenbrustfilets unter fließendem kalten Wasser abspülen und trockentupfen. Filets der Länge nach halbieren, so dass 10 dünne Hähnchenschnitzel entstehen. Speiseöl in einer Pfanne erhitzen. Hähnchenschnitzel von beiden Seiten darin 6–8 Minuten braten. Mit Salz und Pfeffer bestreuen.

2 Ananasscheiben in einem Sieb abtropfen lassen. Toastscheiben toasten und auf ein Backblech (mit Backpapier belegt) geben. Jede Toastscheibe mit je einer Scheibe Schinkenspeck, Ananas und einem Hähnchenschnitzel belegen.

3 Tomaten waschen, trockentupfen und die Stängelansätze entfernen. Tomaten in Scheiben schneiden. Tomatenscheiben auf den Hähnchenschnitzeln verteilen und mit einer Scheibe Käse belegen. Mit Paprikapulver bestreuen. Das Backblech in den Backofen schieben.

Ober-/Unterhitze:
etwa 220 °C (vorgeheizt)
Heißluft: etwa 200 °C (vorgeheizt)
Gas: Stufe 4–5 (vorgeheizt)
Backzeit: etwa 10 Min.

■ **Beilage:**
Feldsalat mit Orangenspalten.

Tunfisch-Bananen-Toast

Zubereitungszeit: 35 Min.

Pro Stück:
E: 15 g, F: 32 g, Kh: 31 g,
kJ: 1977, kcal: 472

■ **2 Dosen Tunfisch in Öl (je 150 g)**
■ **2 Knoblauchzehen**
■ **5 Bananen**
■ **2 EL Zitronensaft**
■ **10 Scheiben Roggentoastbrot**
■ **100 g weiche Butter**
■ **150 g Salatmayonnaise**
■ **2 TL Tomatenketchup**
■ **2 EL Sherry**
■ **200 g gehackte Erdnusskerne**
■ **frisch gemahlener schwarzer Pfeffer**

Zum Garnieren:
■ **1 Kästchen Kresse**

1 Tunfisch in einem Sieb abtropfen lassen und in mundgerechte Stücke zerteilen. Knoblauchzehen abziehen und durch eine Knoblauchpresse drücken oder fein hacken.

2 Bananen schälen. 3 Bananen je einmal längs und quer halbieren. 2 Bananen in Scheiben schneiden. Bananenhälften und -scheiben mit Zitronensaft beträufeln.

3 Toastscheiben toasten und mit Butter bestreichen. Bananenhälften darauf legen.

4 Tunfisch mit Knoblauch, Bananenscheiben, Mayonnaise, Ketchup, Sherry und der Hälfte der Erdnusskerne vermengen und gleichmäßig auf den Toastbrotscheiben verteilen. Mit Pfeffer und den restlichen Erdnusskernen bestreuen.

5 Zum Garnieren Kresse abspülen und trockentupfen. Kresse abschneiden. Belegte Toastscheiben mit der Kresse garnieren und sofort servieren.

Frühlingstoast mit Gouda

Zubereitungszeit: 50 Min.
Backzeit: 6–8 Min.

Pro Stück:
E: 16 g, F: 19 g, Kh: 19 g,
kJ: 1329, kcal: 318

- **60 dünne grüne Spargelstangen**
- **500 ml (½ l) Wasser**
- **1 gestr. TL Salz**
- **½ gestr. TL Zucker**
- **10 g Butter**
- **10 Scheiben Vollkorn-Sandwichtoast**
- **100 g weiche Butter**
- **4 gestr. TL Basilikum in Öl**
- **20 Scheiben Putenbrust-aufschnitt**
- **10 Scheiben Gouda-Käse (z. B. Mai-Gouda)**

Zum Garnieren:
- **einige Kerbel- oder Petersilienstängel**

Nach Belieben:
- **5 hart gekochte Eier**

1 Vom Spargel das untere Drittel schälen und die unteren Enden abschneiden. Stangen waschen und abtropfen lassen. Wasser mit Salz, Zucker und Butter in einem Topf zum Kochen bringen, Spargel hinzugeben und zugedeckt etwa 8 Minuten kochen. Spargelstangen in einem Sieb abtropfen lassen.

2 Toastscheiben toasten, mit Butter und Basilikum bestreichen, auf 2 Backbleche (mit Backpapier belegt) legen. Jede Toastscheibe mit je 2 Scheiben Putenbrust und 6 Spargelstangen belegen. Je eine Käsescheibe darauf legen. Die Backbleche nacheinander (bei Heißluft zusammen) in den Backofen schieben.

Ober-/Unterhitze:
etwa 200 °C (vorgeheizt)
Heißluft: etwa 180 °C (vorgeheizt)
Gas: Stufe 3–4 (vorgeheizt)
Backzeit: 6–8 Min.

3 Zum Garnieren Kerbel- oder Petersilienstängel abspülen und trockentupfen. Die Blättchen von den Stängeln zupfen. Die überbackenen Toastscheiben auf Tellern anrichten und mit Kerbel- oder Petersilienblättchen garnieren. Nach Belieben hart gekochte Eier vierteln und dazu servieren.

Toast Hawaii (Titelfoto)

Zubereitungszeit: 25 Min.
Backzeit: etwa 8 Min.

Pro Stück:
E: 18 g, F: 15 g, Kh: 29 g,
kJ: 1384, kcal: 330

- **10 Scheiben Ananas (aus der Dose)**
- **10 Scheiben Toastbrot**
- **100 g weiche Butter**
- **10 Scheiben gekochter Schinken**
- **10 Käsescheibletten**

Nach Belieben:
- **10 abgetropfte Kaiserkirschen (aus dem Glas)**

1 Ananas in einem Sieb abtropfen lassen. Toastscheiben toasten und mit Butter bestreichen, auf ein Backblech (mit Backpapier belegt) legen. Jede Toastscheibe mit je 1 Scheibe Schinken, Ananas und Käse belegen.

(Fortsetzung Seite 42)

KLASSISCH

2 Nach Belieben in die Mitte der Toasts eine Kirsche legen. Das Backblech in den Backofen schieben.

Ober-/Unterhitze:
etwa 200 °C (vorgeheizt)
Heißluft: etwa 180 °C (vorgeheizt)
Gas: Stufe 3–4 (vorgeheizt)
Backzeit: etwa 8 Min.

Toast mit Schweinefilet

Zubereitungszeit: 40 Min.
Backzeit: 6–8 Min.
je Backblech

Pro Stück:
E: 20 g, F: 12 g, Kh: 28 g,
kJ: 1268, kcal: 301

- **1 reife Mango**
- **200 g Zuckerschoten**
- **500 ml (½ l) Wasser**
- **10 Scheiben Dreikorn-Toast**
- **250 ml (¼ l)**
  Hot-Chili-Sauce
- **500 g Schweinefilet**
- **Salz**
- **frisch gemahlener Pfeffer**
- **4 EL Olivenöl**
- **250 g Gorgonzola-Käse**

1 Mango halbieren. Das Fruchtfleisch vom Stein lösen, schälen und in Scheiben schneiden.

2 Von den Zuckerschoten die Enden abschneiden. Schoten evtl. abfädeln, waschen und abtropfen lassen. Wasser in einem Topf zum Kochen bringen. Zuckerschoten darin 1–2 Minuten blanchieren, anschließend in ein Sieb geben und mit kaltem Wasser übergießen und abtropfen lassen.

3 Schweinefilet unter fließendem kalten Wasser abspülen, trockentupfen und in 10 gleich große Stücke schneiden. Filetstücke etwas flach drücken, mit Salz und Pfeffer bestreuen. Olivenöl in einer Pfanne erhitzen. Filetstücke darin 6–8 Minuten von beiden Seiten braten.

4 Toastbrotscheiben toasten. Jede Toastscheibe mit 1 Esslöffel Hot-Chili-Sauce bestreichen und auf 2 Backbleche (mit Backpapier belegt) legen. Die bestrichenen Toasts mit Mangoscheiben und Zuckerschoten belegen.

5 Käse in 10 Scheiben schneiden. Die vorbereiteten Toasts mit je einem Filetstück und einer Käsescheibe belegen.

6 Die Backbleche nacheinander (bei Heißluft zusammen) in den Backofen schieben.

Ober-/Unterhitze:
etwa 200 °C (vorgeheizt)
Heißluft: etwa 180 °C (vorgeheizt)
Gas: Stufe 3–4 (vorgeheizt)
Backzeit: 6–8 Min. je Backblech.

Zwiebel-Tomaten-Toast

(Foto)
Zubereitungszeit: 30 Min.
Backzeit: etwa 10 Min.

Pro Stück:
E: 15 g, F: 17 g, Kh: 18 g,
kJ: 1186, kcal: 283

- **10 mittelgroße Zwiebeln**
- **5 EL Speiseöl**
- **Salz**
- **frisch gemahlener Pfeffer**
- **Kümmelsamen**
- **10 Scheiben Vollkornbrot**
- **5 mittelgroße Tomaten**
- **400 g geriebener Emmentaler–Käse**

1 Zwiebeln abziehen, zuerst in Scheiben schneiden, dann in Ringe teilen. Speiseöl in einer Pfanne erhitzen. Zwiebelringe portionsweise darin unter Wenden anbraten. Mit Salz, Pfeffer und Kümmel würzen.

2 Brotscheiben auf 2 Backbleche (mit Backpapier belegt) legen. Zwiebelringe gleichmäßig darauf verteilen.

3 Tomaten waschen, trockentupfen, halbieren und die Stängelansätze entfernen. Tomaten in Scheiben schneiden und auf die Zwiebelringe geben. Mit Käse und Kümmel bestreuen.

4 Die Backbleche nacheinander (bei Heißluft zusammen) in den Backofen schieben.

Ober-/Unterhitze:
etwa 220 °C (vorgeheizt)
Heißluft: etwa 200 °C (vorgeheizt)
Gas: Stufe 4–5 (vorgeheizt)
Backzeit: etwa 10 Min.

- **Beilage:**
Grüner Salat.

- **Tipp:**
Wenn Sie es nicht vegetarisch mögen, können Sie den Toast zusätzlich mit Kasseleraufschnitt zubereiten.

Strassburger Toast

Zubereitungszeit: 35 Min.
Backzeit: etwa 10 Min.

Pro Stück:
E: 19 g, F: 31 g, Kh: 20 g,
kJ: 1816, kcal: 433

- **10 Scheiben Toastbrot**
- **80 g weiche Butter**
- **500 g Fleischkäse**
- **10 Scheiben Emmentaler-Käse**
- **5 Gewürzgurken**
- **1 große Zwiebel**
- **8 geh. TL Tomatenketchup**

1 Toastscheiben gleichmäßig mit Butter bestreichen. Fleischkäse, Käse und Gurken in feine Streifen schneiden. Zwiebeln abziehen und in feine Würfel schneiden. Zwiebelwürfel mit dem Ketchup vermengen und gleichmäßig auf den bestrichenen Toastbroten verteilen. Fleischkäse-, Käse- und Gurkenstreifen darauf legen.

2 Toastscheiben auf ein Backblech (mit Backpapier belegt) legen. Das Backblech in den Backofen schieben.

Ober-/Unterhitze:
etwa 200 °C (vorgeheizt)
Heißluft: etwa 180 °C (vorgeheizt)
Gas: Stufe 3–4 (vorgeheizt)
Backzeit: etwa 10 Min.

Champignon-Gourmet-Toast

Zubereitungszeit: 60 Min.

Pro Stück:
E: 30 g, F: 41 g, Kh: 26 g,
kJ: 2461, kcal: 587

- **1 kg Rinderfilet (gut abgehangen)**
- **frisch gemahlener schwarzer Pfeffer**
- **Salz**
- **4 EL Speiseöl**
- **500 ml (½ l) Schlagsahne**
- **2 Pck. Sahnesteif**
- **5 gehäufte EL Preiselbeeren (aus dem Glas)**
- **1 kg Champignons**
- **150 g Butter**
- **400 g Feldsalat**
- **2 kleine Zwiebeln**
- **3 EL Weißweinessig**
- **6 EL Olivenöl**
- **Zucker**
- **10 Scheiben Toastbrot**

1 Rinderfilet unter fließendem kalten Wasser abspülen, trockentupfen und halbieren. Mit Pfeffer und Salz einreiben. Speiseöl in einer großen Pfanne erhitzen. Das Fleisch von allen Seiten darin gut anbraten. Dann bei geringer Hitze zugedeckt etwa 25 Minuten garen. Das Fleisch zwischendurch wenden und ab und zu mit Bratfett begießen, damit es saftig bleibt.

2 Sahne mit Sahnesteif steif schlagen und Preiselbeeren unterheben. Preiselbeersahne kalt stellen.

3 Champignons putzen, mit Küchenpapier abreiben, evtl. abspülen und trockentupfen. Champignons halbieren oder in Scheiben schneiden. Etwas von der Butter in einer Pfanne zerlassen, die Champignons in 2 Portionen darin andünsten. Mit Salz und Pfeffer würzen.

4 Von dem Feldsalat die Wurzelenden so abschneiden, dass die Blätter noch zusammenhalten. Schlechte Blätter entfernen, den Salat gründlich waschen und abtropfen lassen. Zwiebeln abziehen und in kleine Würfel schneiden. Weißweinessig mit Olivenöl verrühren, Zwiebelwürfel unterheben und mit Salz, Pfeffer und Zucker abschmecken. Den Feldsalat mit der Sauce mischen.

5 Toastbrot toasten und mit der restlichen Butter bestreichen. Rinderfilet in dünne Scheiben schneiden. Jeweils 3 Scheiben auf eine Toastscheibe legen. Champignons darauf verteilen.

6 Toasts auf Tellern mit Preiselbeersahne und Feldsalat anrichten. Sofort servieren.

■ **Tipp:**

Das Rinderfilet mit Salz und Pfeffer einreiben. Speiseöl in einer Pfanne erhitzen und das Rinderfilet von allen Seiten gut anbraten. Anschließend in eine feuerfeste Form geben und im vorgeheizten Backofen mit Ober-/Unterhitze bei 120 °C etwa 20 Minuten garen. Dann etwa 10 Minuten ruhen lassen. So bleibt das Rinderfilet besonders zart.

Kasseler-Aprikosen-Toast

(Foto)
Zubereitungszeit: 35 Min.
Backzeit: 8–10 Min.

Pro Stück:
E: 14 g, F: 19 g, Kh: 52 g,
kJ: 1827, kcal: 436

- **10 Scheiben Toastbrot**
- **80 g weiche Butter**
- **20 Scheiben Kasseler-Aufschnitt**
- **1 Glas Preiselbeer-konfitüre (370 g)**
- **20 Käsescheibletten**
- **20 Aprikosenhälften (aus der Dose)**

Zum Garnieren:
- **einige Petersilienstängel**

1 Toastbrot toasten. Jede Toast-scheibe dünn mit Butter bestreichen und auf ein Backblech (mit Backpapier belegt) legen. Auf jede Toastscheibe 2 Scheiben Kasseler-Aufschnitt geben und jeweils 1–2 Teelöffel Preiselbeerkonfitüre darauf verteilen. Je 2 Käsescheibletten darauf legen.

2 Aprikosenhälften in einem Sieb abtropfen lassen. Je 2 Apriko-senhälften mit der Schnittfläche nach unten auf eine belegte Toastscheibe legen. Restliche Preiselbeerkonfitüre auf den Aprikosenhälften verteilen.

3 Das Backblech in den Backofen schieben.

Ober-/Unterhitze:
etwa 200 °C (vorgeheizt)
Heißluft: etwa 180 °C (vorgeheizt)
Gas: Stufe 3–4 (vorgeheizt)
Backzeit: 8–10 Min.

4 Petersilie abspülen, trockentupfen und die Blättchen von den Stängeln zupfen. Überbackene Toast-scheiben mit Petersilienblättchen garniert servieren.

Apfel-Camembert-Toast

Zubereitungszeit: 35 Min.
Backzeit: etwa 10 Min.

Pro Stück:
E: 13 g, F: 18 g, Kh: 23 g,
kJ: 1288, kcal: 308

- **5 Äpfel (z. B. Cox Orange oder Boskop)**
- **100 g weiche Butter**
- **10 Scheiben Vollkorntoastbrot**
- **10 Scheiben Frühstücks-speck (Bacon)**
- **400 g Camembert**

1 Äpfel waschen und abtrocknen. Mit einem Apfelausstecher das Kerngehäuse der Äpfel ausstechen. Äpfel in etwa 1 cm dicke Scheiben schneiden.

2 Die Hälfte der Butter in einer großen Pfanne zerlassen und die Apfelringe darin von beiden Seiten goldgelb braten.

3 Toastbrotscheiben dünn mit der restlichen Butter bestreichen, mit je einer Scheibe Frühstücksspeck belegen und auf ein Backblech (mit Backpapier belegt) legen.

(Fortsetzung Seite 50)

4 Camembert in Scheiben schneiden. Apfelringe und Camembertscheiben dachziegelartig auf die vorbereiteten Toasts geben. Das Backblech in den Backofen schieben.

Ober-/Unterhitze:
etwa 200 °C (vorgeheizt)
Heißluft: etwa 180 °C (vorgeheizt)
Gas: Stufe 3–4 (vorgeheizt)
Backzeit: etwa 10 Min.

Konfettitoast mit Gouda

Zubereitungszeit:
etwa 30 Min.
Backzeit: etwa 10 Min.

Pro Stück:
E: 16 g, F: 20 g, Kh: 21 g,
kJ: 1395, kcal: 333

- **10 Scheiben Vollkorn-Toast**
- **50 g weiche Butter**
- **10 große Scheiben Salami**
- **5 TL Tomatenmark**
- **je 1 gelbe, grüne und rote Paprikaschote**
- **8 mittelgroße Tomaten**
- **400 g mittelalter Gouda-Käse**
- **Paprikapulver edelsüß**

Außerdem:
- **10 vorbereitete Salatblätter**

1 Toastbrotscheiben toasten, mit Butter bestreichen und auf 2 Backbleche (mit Backpapier belegt) legen. Toastbrotscheiben mit je einer Scheibe Salami belegen und diese mit Tomatenmark bestreichen.

2 Paprikaschoten halbieren, entstielen, entkernen und die weißen Scheidewände entfernen. Paprikahälften waschen, abtropfen lassen und in kleine Würfel schneiden. Tomaten waschen und abtrocknen. Stängelansätze entfernen. Tomaten in Achtel schneiden und rosettenförmig auf die Toastscheiben legen.

3 Käse in kleine Würfel schneiden und mit den Paprikawürfeln mischen. Käse-Paprika-Mischung auf den Tomatenrosetten verteilen. Mit Paprika bestreuen.

4 Die Backbleche nacheinander (bei Heißluft zusammen) in den Backofen schieben. Toasts im Backofen überbacken, bis der Käse geschmolzen ist.

Ober-/Unterhitze:
etwa 220 °C (vorgeheizt)
Heißluft: etwa 200 °C (vorgeheizt)
Gas: Stufe 4–5 (vorgeheizt)
Backzeit: etwa 10 Min.

5 Jeden Konfettitoast auf einem Salatblatt anrichten und sofort servieren.

- **Beilage:**
Grüner Salat.

FÜR KINDER · KLASSISCH

Börsenhäppchen

Zubereitungszeit: 40 Min.

Pro Stück:
E: 5 g, F: 2 g, Kh: 22 g,
kJ: 711, kcal: 170

- 10 Scheiben Weißbrot
- 3 EL Weinbrand
- frisch gemahlener Pfeffer
- 20 grüne Salatblätter (z. B. Frisée- oder Eichblattsalat)
- 5 mittelgroße Tomaten
- Salz
- 5 Scheiben Ananas (aus der Dose)
- 10 Scheiben durchwachsener Speck
- 2 EL Speiseöl
- 10 EL Weinbrand
- 10 grüne Oliven, mit Paprika gefüllt

1 Weißbrot toasten, mit Weinbrand beträufeln und mit Pfeffer bestreuen.

2 Salatblätter waschen und trockentupfen. Jeweils 2 Salatblätter auf eine Toastbrotscheibe legen.

3 Tomaten waschen, abtrocknen und die Stängelansätze entfernen. Tomaten in dünne Scheiben schneiden und auf den Salatblättern verteilen. Mit Salz und Pfeffer würzen.

4 Ananasscheiben in einem Sieb abtropfen lassen und halbieren. Die halbierten Ananasscheiben mit je einer Scheibe Speck umwickeln, evtl. feststecken.

5 Speiseöl in einer Pfanne erhitzen. Darin die mit Speck umwickelten Ananasscheiben von beiden Seiten etwas anbraten.

6 Jede Brotscheibe mit 1 Speck-Ananasscheibe belegen und mit einem Holzstäbchen feststecken. Die Speck-Ananasscheiben mit jeweils 1 Esslöffel Weinbrand beträufeln. Die Oliven auf die Enden der Holzstäbchen stecken. Sofort servieren.

■ Tipp:
Sie können die Börsenhäppchen auch als Fingerfood reichen. Aus 10–15 Scheiben Weißbrot 20 kleine Scheiben (Ø etwa 5 cm) ausstechen. Dann wie unter Punkt 1–3 beschrieben weiterarbeiten. Abgetropfte Ananasscheiben in je 4 Stücke schneiden, mit je 1/2 Scheibe Speck umwickeln und mit Punkt 5 fortfahren.

MIT ALKOHOL · RAFFINIERT

Überbackener Gemüsetoast

Zubereitungszeit: 50 Min.
Backzeit: etwa 10 Min.

Pro Stück:
E: 19 g, F: 28 g, Kh: 21 g,
kJ: 1737, kcal: 415

- **600 g Blumenkohl**
- **1,5 l Wasser**
- **1 gestr. TL Salz**
- **800 g Brokkoli**
- **2 TL Gemüsebrühe (Instant)**
- **250 g Tomaten**
- **2 Knoblauchzehen**
- **1 Becher (150 g) Crème fraîche**
- **200 g geriebener mittelalter Gouda-Käse**
- **frisch gemahlener Pfeffer**
- **10 Scheiben Toastbrot**
- **100 g weiche Butter**
- **10 Scheiben mittelalter Gouda-Käse**
- **2 EL Sonnenblumenkerne**

1 Von dem Blumenkohl die Blätter und die schlechten Stellen entfernen, den Strunk abschneiden. Blumenkohl waschen, abtropfen lassen und in Röschen teilen. Wasser mit Salz in einem Topf zum Kochen bringen. Blumenkohlröschen zugedeckt etwa 10 Minuten darin kochen. Anschließend in einem Sieb abtropfen lassen und dabei das Blumenkohlwasser auffangen. Blumenkohl warm stellen.

2 Von dem Brokkoli die Blätter entfernen. Brokkoli waschen, abtropfen lassen und in Röschen schneiden. Die Stiele in Würfel schneiden. Blumenkohlwasser mit gekörnter Brühe zum Kochen bringen. Die Brokkoliwürfel und -röschen hineingeben und zugedeckt etwa 10 Minuten kochen lassen. Brokkoli abgießen und pürieren, evtl. etwas Kochflüssigkeit hinzufügen.

3 Tomaten waschen, abtropfen lassen, kreuzweise einschneiden, kurz in kochendes Wasser legen und in kaltem Wasser abschrecken. Tomaten enthäuten, die Stängelansätze und Kerne entfernen. Tomatenfruchtfleisch in Würfel schneiden.

4 Knoblauch abziehen, fein hacken und mit den Tomatenwürfeln vermischen. Brokkolipüree mit Crème fraîche und geriebenen Käse verrühren. Mit Salz und Pfeffer würzen.

5 Toastbrotscheiben toasten, mit Butter bestreichen und auf ein Backblech (mit Backpapier belegt) legen. Blumenkohlröschen gleichmäßig auf den Toasts verteilen. Brokkolipüree darauf geben und mit Knoblauch-Tomaten-Würfel-Mischung bestreuen.

6 Belegte Toastscheiben mit je einer Käsescheibe bedecken und mit Sonnenblumenkernen bestreuen. Das Backblech in den Backofen schieben.

Ober-/Unterhitze:
etwa 220 °C (vorgeheizt)
Heißluft: etwa 200 °C (vorgeheizt)
Gas: Stufe 4–5 (vorgeheizt)
Backzeit: etwa 10 Min.

Toast Gibraltar

Zubereitungszeit: 30 Min.
Backzeit: etwa 8 Min.

Pro Stück:
E: 25 g, F: 24 g, Kh: 23 g,
kJ: 1722, kcal: 411

- **10 Scheiben Toastbrot**
- **200 g Doppelrahm-Frischkäse**
- **2 Bananen**
- **4 EL Zitronensaft**
- **250 g gegarte Shrimps**
- **1 TL Cayennepfeffer**
- **250 g Mozzarella-Käse**
- **20 kleine Scheiben Tilsiter-Käse**

Zum Garnieren:
- **einige Dillstängel**

1 Toastbrotscheiben toasten, gleichmäßig mit Frischkäse bestreichen und auf 2 Backbleche (mit Backpapier belegt) legen.

2 Bananen schälen, in Scheiben schneiden und mit Zitronensaft beträufeln. Je 4 Bananenscheiben auf eine Toastscheibe legen. Shrimps darauf verteilen. Mit Cayennepfeffer bestreuen.

3 Mozzarella-Käse abtropfen lassen, in Scheiben schneiden und auf den vorbereiteten Toasts verteilen. Jeden Toast mit je 2 Scheiben Tilsiter belegen. Die Backbleche nacheinander (bei Heißluft zusammen) in den Backofen schieben.

Ober-/Unterhitze:
etwa 200 °C (vorgeheizt)
Heißluft: etwa 180 °C (vorgeheizt)
Gas: Stufe 3–4 (vorgeheizt)
Backzeit: etwa 8 Min.
(bis der Käse zerlaufen ist)

4 Zum Garnieren Dill abspülen und trockentupfen. Die Spitzen von den Stängeln zupfen und die Toasts mit den Dillspitzen bestreut servieren.

- **Beilage:**

Servieren Sie einen **Tomaten-Zwiebel-Salat** dazu. Dazu benötigen Sie: etwa 1 kg Tomaten, 1 große Zwiebel, etwa 3 Esslöffel Essig (z. B. Weißwein- oder Kräuteressig), Salz, frisch gemahlenen Pfeffer und 5 EssLöffel Speiseöl (z. B. Sonnenblumenöl). Tomaten waschen, abtrocknen und halbieren. Die Stängelansätze entfernen und die Tomaten in Achtel schneiden.
Für die Sauce die Zwiebel abziehen und fein würfeln. Zwiebelwürfel mit dem Essig verrühren und mit Salz und Pfeffer würzen. Zuletzt das Speiseöl unterrühren und die Sauce über die Tomaten geben, gut vermischen und etwas durchziehen lassen. Nach Belieben mit Basilikum bestreut servieren.

Toast Pikanto

Zubereitungszeit: 30 Min.
Backzeit: 8–10 Min.
je Backblech

Pro Stück:
E: 17 g, F: 33 g, Kh: 20 g,
kJ: 1841, kcal: 442

- **10 Scheiben**
  Sonnenblumenkernbrot
- **400 g Sour Cream**
  (Sauerrahmzubereitung
  aus dem Kühlregal)
  oder Kartoffelcreme
- **400 g eingelegte rote**
  Paprika (gehäutet, aus dem
  Glas)
- **1 Bund Frühlingszwiebeln**
- **450 g Cabanossi**
- **10 Scheiben Butter-Käse**
- **10 grüne Oliven**
- **1–2 TL Mexikogewürz-**
  mischung

- **10 Holzspießchen**

1 Brotscheiben toasten, mit Sour Cream bestreichen und auf zwei Backbleche (mit Backpapier belegt) legen.

2 Paprika in einem Sieb abtropfen lassen, evtl. halbieren. Frühlingszwiebeln putzen, waschen, abtropfen lassen und in etwa 1 cm lange Stücke schneiden.

3 Cabanossi in dünne Scheiben schneiden und auf den Brotscheiben verteilen. Paprika und Frühlingszwiebelstücke darauf legen.

4 Butterkäsescheiben halbieren, je zwei Hälften übereinander legen und auf die vorbereiteten Toasts geben.

5 Die Backbleche nacheinander (bei Heißluft zusammen) in den Backofen schieben.

Ober-/Unterhitze:
etwa 200 °C (vorgeheizt)
Heißluft: etwa 180 °C (vorgeheizt)
Gas: Stufe 3–4 (vorgeheizt)
Backzeit: 8–10 Min. je Backblech.

6 Jeweils eine Olive mit einem Holzstäbchen in die Mitte von einem Toast stecken und mit der Mexikogewürzmischung bestreuen.

- **Tipp:**

Besonders gut schmecken selbst **eingelegte Paprikaschoten** nach folgendem Rezept: 4 rote Paprikaschoten halbieren, Kerne und Scheidewände entfernen. Schoten waschen und mit der Wölbung nach oben auf ein gefettetes Backblech legen. Das Backblech in den vorgeheizten Backofen schieben und bei Ober-/Unterhitze mit etwa 220 °C die Paprika etwa 10 Minuten garen. Anschließend das Backblech aus dem Ofen nehmen, sofort mit einem feuchten Küchentuch abdecken und abkühlen lassen. Paprika enthäuten und mit einer Mischung aus etwa 2 Esslöffeln Olivenöl und 1 Esslöffel Balsamico-Essig, Salz und Pfeffer beträufeln. Etwas durchziehen lassen.

Tunfisch-Toast

Zubereitungszeit: 35 Min.

Pro Stück:
E: 18 g, F: 14 g, Kh: 19 g,
kJ: 1145, kcal: 273

- **10 Eisbergsalatblätter**
- **4 Dosen Tunfisch naturell (je 175 g)**
- **3 mittelgroße Zwiebeln**
- **2 grüne Paprikaschoten**
- **150 g saure Sahne**
- **150 g Naturjoghurt**
- **2–3 TL mittelscharfer Senf**
- **Salz**
- **frisch gemahlener Pfeffer**
- **Paprikapulver edelsüß**
- **10 Scheiben Vollkorntoast**

Zum Garnieren:
- **2–3 Stängel glatte Petersilie**

1 Salatblätter abspülen und trockentupfen. Tunfisch in einem Sieb gut abtropfen lassen und etwas zerpflücken.

2 Zwiebeln abziehen und fein würfeln. Paprika halbieren, entstielen, entkernen und die weißen Scheidewände entfernen. Schoten waschen und in kleine Würfel schneiden.

3 Saure Sahne mit Joghurt und Senf verrühren. Mit Salz, Pfeffer und Paprika abschmecken. Tunfisch, Zwiebel- und Paprikawürfel mit der Mischung verrühren.

4 Toastbrotscheiben nach Belieben entrinden und toasten. Jede Scheibe diagonal durchschneiden. Die Hälfte der Toastdreiecke mit je einem Salatblatt belegen. Die Tunfischmasse gleichmäßig darauf verteilen.

5 Zum Garnieren Petersilienstängel abspülen und trockentupfen. Die Blättchen von den Stängeln zupfen. Petersilienblättchen auf der Tunfischmasse verteilen. Restliche Toastdreiecke darauf legen.

■ Beilage:
Gemischter Salat. Bereiten die den Salat aus dem restlichen Eisbergsalat, 1 großen Salatgurke und 5 Tomaten zu. Putzen Sie den Eisbergsalat und schneiden ihn in mundgerechte Stücke. Schälen Sie die Gurke und schneiden Sie diese nach dem Halbieren in Stücke. Waschen Sie die Tomaten, halbieren Sie diese und entfernen die Stängelansätze. Schneiden Sie die Tomaten in kleine Stücke. Die Marinade können Sie aus 3 Esslöffeln Weißweinessig, 6 Esslöffeln Olivenöl, Salz, Pfeffer und Oregano zubereiten und über den Salat geben.

Toast Anatolia

Zubereitungszeit: 45 Min.
Backzeit: 12–15 Min.

Insgesamt:
E: 252 g, F: 165 g, Kh: 307 g,
kJ: 15642, kcal: 3724

- **1 großes ovales Fladenbrot**
- **2–3 mittelgroße Zwiebeln**
- **2 Knoblauchzehen**
- **1 rote Paprikaschote**
- **50 g schwarze Oliven**
- **200 g Schafkäse**
- **1 Bund glatte Petersilie**
- **800 g Lammgehacktes**
- **2 Eier**
- **Salz**
- **frisch gemahlener Pfeffer**
- **Pul Biber (geschrotete Pfefferschoten)**
- **4 EL Olivenöl**

1 Fladenbrot in etwa 20 Scheiben schneiden. Zwiebeln und Knoblauch abziehen, in feine Würfel schneiden. Paprika halbieren, entstielen, entkernen und die weißen Scheidewände entfernen. Schote waschen, abtropfen lassen und in kleine Würfel schneiden.

2 Oliven halbieren und die Steine entfernen. Oliven fein würfeln. Schafkäse in kleine Würfel schneiden. Petersilie abspülen, trockentupfen und die Blättchen von den Stängeln zupfen. Blättchen fein hacken.

3 Lammgehacktes in eine Schüssel geben. Eier, Zwiebel-, Knoblauch-, Paprikawürfel, Petersilie, Oliven und die Hälfte des Schafkäses hinzugeben und gut vermengen. Mit Salz, Pfeffer und Pul Biber würzen.

4 Gehacktesmasse gleichmäßig auf den Fladenbrotscheiben verstreichen, mit dem restlichen Schafkäse bestreuen. Die Fladenbrotscheiben auf 2 Backbleche (mit Backpapier belegt) legen und mit Olivenöl beträufeln.

5 Die Backbleche nacheinander (bei Heißluft zusammen) in der Backofen schieben.

Ober-/Unterhitze:
etwa 200 °C (vorgeheizt)
Heißluft: etwa 180 °C (vorgeheizt)
Gas: Stufe 3–4 (vorgeheizt)
Backzeit: 12–15 Min.

Tipp:

Mit **Krautsalat** und Tsatsiki servieren.

Für einen selbst zubereiteten Krautsalat benötigen Sie: 1 großen Kopf Weißkraut (etwa 2,5 kg), 2 gehäufte Teelöffel Salz, 2 Zwiebeln, Salz, Pfeffer, etwas Zucker, 4 Esslöffel Kräuteressig, 6 Esslöffel Speiseöl, 2 Teelöffel Meerrettich (aus dem Glas) und 2 Esslöffel gemischte Kräuter. Zuerst putzen Sie den Weißkrautkopf und schneiden ihn in Achtel. Entfernen Sie den Strunk und schneiden das Weißkraut in feine Streifen. Verkneten Sie die Weißkrautstreifen mit den 2 gehäuften Teelöffeln Salz und lassen es etwa 1 Stunde durchziehen. Dann pellen Sie die Zwiebeln und schneiden sie in feine Würfel. Mischen Sie die Zwiebelwürfel mit den anderen Zutaten und geben Sie die Mischung zum Kraut. Lassen Sie den Krautsalat gut durchziehen.

Schollenfilets auf Toastbrot

Zubereitungszeit: 40 Min.

Pro Stück:
E: 21 g, F: 9 g, Kh: 24 g,
kJ: 1114, kcal: 267

- **250 g leichte Mayonnaise**
- **2 EL Schnittlauchröllchen**
- **3 EL Tomatenketchup**
- **Salz**
- **frisch gemahlener Pfeffer**
- **10 Salatblätter**
- **1 kg Schollenfilet**
- **30 g Weizenmehl**
- **100 ml Speiseöl**
- **10 Scheiben Toastbrot**

Zum Garnieren:
- **2 EL Schnittlauchröllchen**
- **vorbereitete Zitronen-scheiben**

1 Mayonnaise mit Schnittlauch-röllchen und Ketchup verrühren. Evtl. mit Salz und Pfeffer abschmecken. Salatblätter waschen und trockentupfen.

2 Schollenfilet unter fließendem kalten Wasser abspülen, trockentupfen, evtl. Gräten entfernen und in etwa 3 cm große Stücke schneiden. Anschließend mit Salz und Pfeffer würzen. Mehl in eine flache Schüssel geben und die Schollenfiletstücke darin wenden.

3 Speiseöl in einer großen Pfanne erhitzen. Schollenfiletstücke darin von allen Seiten knusprig braten. Anschließend auf Küchenpapier abtropfen lassen. Gebratene Schollenfiletstücke warm stellen.

4 Toastbrot toasten, mit der Mayonnaise dick bestreichen und mit je einem Salatblatt belegen. Die warm gestellten Schollenfiletstücke darauf verteilen. Die Toasts mit Schnittlauchröllchen bestreuen und mit Zitronenscheiben garniert servieren.

- **Beilage:**

Grüner Salat.

Bereiten Sie einen grünen Salat aus 2 Köpfen grünem Salat, 1 Salatgurke, 200 ml Schlagsahne, 150 g Crème légère, etwa 2 Esslöffeln Zitronensaft, Salz, Pfeffer und etwas Zucker.

Putzen Sie den grünen Salat und teilen Sie ihn in mundgerechte Stücke. Waschen Sie die Salatstücke und schleudern Sie sie trocken. Von der Gurke schneiden Sie die Enden ab und schälen und halbieren Sie die Gurke. Schneiden Sie die Gurke in dünne Scheiben. Bereiten Sie aus den restlichen Zutaten eine Sauce und vermischen Sie diese mit dem Salat und den Gurkenstücken. Nach Belieben den Salat mit Schnittlauchröllchen bestreut servieren.

Toast Oriental

Zubereitungszeit: 30 Min.
Backzeit: 8–10 Min.
je Backblech

Pro Stück:
E: 26 g, F: 11 g, Kh: 24 g,
kJ: 1254, kcal: 300

- **250 g Tomaten**
- **2 mittelgroße rote Zwiebeln**
- **200 g Schafkäse**
- **5 Hähnchenbrustfilets (je etwa 160 g)**
- **Salz**
- **frisch gemahlener Pfeffer**
- **etwa 1 EL Gyrosgewürz**
- **8 EL Olivenöl**
- **10 Scheiben Bauernbrot**
- **400 g Tsatsiki (aus dem Kühlregal)**

Zum Garnieren:
- **1 Bund glatte Petersilie**

1 Tomaten waschen, abtrocknen, halbieren und die Stängelansätze entfernen. Tomaten in dünne Scheiben schneiden. Zwiebeln abziehen und in kleine Würfel schneiden. Schafkäse in Würfel von etwa 1 x 1 cm schneiden.

2 Hähnchenbrustfilets unter fließendem kalten Wasser abspülen und trockentupfen. Jedes Hähnchenbrustfilet einmal waagerecht durchschneiden, so dass 10 Hähnchenschnitzel entstehen. Mit Salz, Pfeffer und Gyrosgewürz würzen.

3 Olivenöl in einer großen Pfanne erhitzen und die Hähnchenschnitzel darin evtl. in 2 Portionen von beiden Seiten etwa 8 Minuten braten.

4 Die Brotscheiben mit dem Tsatsiki bestreichen und auf 2 Backbleche (mit Backpapier belegt) geben. Tomatenscheiben auf die Brotscheiben legen und je ein Hähnchenschnitzel darauf geben. Mit Schafkäse- und Zwiebelwürfeln bestreuen.

5 Die Backbleche nacheinander (bei Heißluft zusammen) in den Backofen schieben.

Ober-/Unterhitze:
etwa 200 °C (vorgeheizt)
Heißluft: etwa 180 °C (vorgeheizt)
Gas: Stufe 3–4 (vorgeheizt)
Backzeit: 8–10 Min. je Backblech.

6 Zum Garnieren Petersilie abspülen und trockentupfen. Die Blättchen von den Stängeln zupfen und die Blättchen fein hacken. Die Toasts Oriental mit der Petersilie bestreuen und sofort servieren.

■ **Beilage:**
Griechischer Salat mit schwarzen Oliven.

■ **Tipp:**
Sie können die Brotscheiben auch dünn mit Butter bestreichen und den Tsatsiki als Dip dazu reichen.

Hähnchen-Brokkoli-Toast

Zubereitungszeit: 35 Min.
Backzeit: etwa 10 Min.

Pro Stück:
E: 28 g, F: 19 g, Kh: 21 g,
kJ: 1527, kcal: 365

- **600 g Brokkoli**
- **Wasser**
- **1 gestr. TL Salz**
- **5 Hähnchenbrustfilets**
  (je etwa 160 g)
- **Salz**
- **frisch gemahlener Pfeffer**
- **4 EL Speiseöl**
- **10 Scheiben Toastbrot**
- **2 geh. EL Salatmayonnaise**

Für die Käsesauce:
- **200 g Doppelrahm-**
  Frischkäse
- **1 Becher (150 g)**
  Crème fraîche
- **125 g geriebener**
  Mozzarella-Käse

Zum Garnieren:
- **2–3 Tomaten**

1 Von dem Brokkoli die Blätter entfernen. Röschen abschneiden, waschen und abtropfen lassen. Wasser mit Salz in einem Topf zum Kochen bringen, Brokkoliröschen hinzufügen, zum Kochen bringen und zugedeckt etwa 6 Minuten garen. Anschließend in einem Sieb abtropfen lassen.

2 Hähnchenbrustfilets unter fließendem kalten Wasser abspülen und trockentupfen. Filets einmal waagerecht halbieren, so dass 10 Hähnchenschnitzel entstehen. Mit Salz und Pfeffer würzen. Speiseöl in einer Pfanne erhitzen. Die Hähnchenschnitzel evtl. in 2 Portionen von beiden Seiten darin etwa 8 Minuten braten.

3 Toastscheiben toasten, mit der Mayonnaise bestreichen und auf 2 Backbleche (mit Backpapier belegt) legen. Jede Toastscheibe mit einem Hähnchenschnitzel belegen. Brokkoliröschen gleichmäßig darauf verteilen.

4 Für die Käsesauce Frischkäse, Crème fraîche und Mozzarella verrühren. Mit Salz und Pfeffer würzen. Käsesauce gleichmäßig über den Toastscheiben verteilen. Die Backbleche nacheinander (bei Heißluft zusammen) in den Backofen schieben.

Ober-/Unterhitze:
etwa 220 °C (vorgeheizt)
Heißluft: etwa 200 °C (vorgeheizt)
Gas: Stufe 4–5 (vorgeheizt)
Backzeit: etwa 10 Min.

5 Zum Garnieren Tomaten waschen und trockentupfen, Stängelansätze entfernen. Tomaten in Scheiben schneiden. Die gebackenen Hähnchen-Brokkoli-Toasts mit Tomatenscheiben garnieren und mit Pfeffer bestreuen.

- **Tipp:**
Statt die Toastscheiben mit Mayonnaise zu bestreichen, können Sie auch eine fertig gekaufte Cocktailsauce verwenden.

Toast Florida

Zubereitungszeit: 40 Min.
Backzeit: 5–7 Min.
je Backblech

Pro Stück:
E: 32 g, F: 11 g, Kh: 26 g,
kJ: 1430, kcal: 343

- **5 Hähnchenbrustfilets (etwa 950 g)**
- **Salz**
- **frisch gemahlener Pfeffer**
- **6 EL Rapsöl**
- **10 Scheiben Frühstücksspeck (Bacon)**
- **10 Scheiben Super-Vollkorn-Sandwichtoast**
- **250 g Joghurt-Salatcreme**
- **1 Eisbergsalat**
- **4 Orangen**
- **80 g rote Zwiebeln**
- **250 g Ziegenkäserolle**
- **Paprikapulver edelsüß**

1 Hähnchenbrustfilets unter fließendem kalten Wasser abspülen, trockentupfen und einmal waagerecht durchschneiden, so dass 10 Hähnchenschnitzel entstehen. Mit Salz und Pfeffer bestreuen.

2 Rapsöl in einer großen Pfanne erhitzen. Hähnchenschnitzel evtl. in 2 Portionen von beiden Seiten 6–8 Minuten darin braten, herausnehmen und warm stellen. Speckscheiben in die Pfanne geben, kross anbraten, herausnehmen und zum Abtropfen auf Küchenpapier legen.

3 Sandwichtoastscheiben im Toaster toasten und auf zwei Backbleche (mit Backpapier belegt) legen. Toastscheiben mit der Salatcreme bestreichen.

4 Von dem Eisbergsalat die äußeren welken Blätter entfernen, den Salat halbieren, den Strunk herausschneiden. Salat in breite Streifen schneiden, abspülen und trockentupfen. Salatstreifen auf den Toastscheiben verteilen.

5 Orangen heiß waschen, abtrocknen und so schälen, dass die weiße Haut mit entfernt wird. Orangen in dicke Scheiben schneiden.

6 Zwiebeln abziehen, zuerst in Scheiben schneiden, dann in Ringe teilen. Ziegenkäse in 5 Scheiben schneiden und halbieren.

7 Die Toastscheiben mit Orangenscheiben, Zwiebelringen und jeweils einem Hähnchenschnitzel belegen. Je eine Scheibe Speck und eine halbierte Scheibe Ziegenkäse darauf verteilen. Mit Paprika bestreuen.

8 Die Backbleche nacheinander (bei Heißluft zusammen) in den Backofen schieben.

Ober-/Unterhitze:
etwa 200 °C (vorgeheizt)
Heißluft: etwa 180 °C (vorgeheizt)
Gas: Stufe 3–4 (vorgeheizt)
Backzeit: 5–7 Min. je Backblech.

- **Tipp:**

Statt mit Ziegenkäse können Sie den Toast auch mit Mozzarella-Käse überbacken.

Mozzarella in carrozza

(20 Stück)
Zubereitungszeit: 45 Min.

Pro Stück:
E: 11 g, F: 13 g, Kh: 31 g,
kJ: 1219, kcal: 291

- **40 Scheiben Toastbrot**
- **4 Pck. Mozzarella-Käse (je 125 g)**
- **5 Eier**
- **400 ml Milch**
- **Salz**
- **frisch gemahlener Pfeffer**
- **Paprikapulver edelsüß**
- **150 g Semmelbrösel**
- **250 ml Speiseöl**

1 Aus den Toastbrotscheiben runde Scheiben mit einem Durchmesser von 6–8 cm ausstechen.

2 Mozzarella in einem Sieb abtropfen lassen und in etwa 1 cm dicke Scheiben schneiden.

3 Eier mit 125 ml ($^1/_8$ l) Milch in einer flachen Schüssel verschlagen und mit Salz, Pfeffer und Paprikapulver würzen. Restliche Milch und Semmelbrösel getrennt in je einen tiefen Teller geben.

4 Jeweils eine Mozzarellascheibe auf eine runde Toastscheibe legen. Mit einer zweiten Toastscheibe bedecken und leicht andrücken.

5 Zuerst die Toastränder rundherum in Milch und dann in Semmelbrösel tauchen, etwas andrücken. Dann die Mozzarella-Toastscheiben ganz in der Eiermilch wenden.

6 Speiseöl in einer Pfanne erhitzen und die Toastscheiben von beiden Seiten goldgelb ausbacken. Auf Küchenpapier abtropfen lassen und sofort servieren.

- **Beilage:**

Tomaten-Zwiebel-Platte mit Mozzarella-Käse.

Dazu benötigen Sie: 2 Gemüsezwiebeln, 5 große Tomaten, 6 Esslöffel Olivenöl, 1 Esslöffel Balsamico-Essig, Salz, Pfeffer, 250 g Mozzarella-Käse. Ziehen Sie die Zwiebeln ab, schneiden Sie sie in Scheiben und teilen Sie diese in Ringe. Waschen Sie die Tomaten, halbieren Sie diese und entfernen Sie die Stängelansätze. Schneiden Sie die Tomaten in Scheiben. Richten Sie die Tomatenscheiben auf einer Platte an und belegen Sie die Tomatenscheiben mit den Zwiebelringen. Beträufeln sie die Tomaten-Zwiebeln mit der Marinade aus Olivenöl, Balsamico-Essig, Salz und Pfeffer. Belegen Sie das Ganze mit dem in Scheiben geschnittenen Mozzarella-Käse.

- **Tipp:**

Sie können die ausgestochenen Toastscheiben zusätzlich mit Basilikumpesto bestreichen und mit einer Tomatenscheibe belegen. Dazu benötigen Sie noch 1 Glas (150 g) Basilikumpesto und 6 kleine Tomaten.
Die Reste der Toastbrotscheiben können Sie trocknen lassen und zu Semmelbröseln verarbeiten.

Sandwichtoasts

Auch für Sandwichtoasts gibt es unzählige Variationsmöglichkeiten, die für jeden Geschmack Ihrer Gäste etwas bereit halten.

Für eine Party ist es ratsam, mehrere Sandwichtoaster gleichzeitig einzusetzen. Vielleicht kann der eine oder andere Ihrer Gäste einen Sandwichtoaster mitbringen. Vergessen Sie bitte nicht, für die Anschlussmöglichkeiten der Geräte zu sorgen.

Alle Füllungen für die Toasts lassen sich gut vorbereiten, so dass Sie von Beginn an auf Ihrer Party mitfeiern können. Ihre Gäste können sich ihre Sandwichtoasts selbst zusammenstellen und zubereiten.

Wir haben bei unseren Rezepten handelsübliche Toast- und Vollkorntoast-Brote verwendet. Sie können jedoch ganz nach Belieben die Brotsorten austauschen. Entfernen Sie bei anderen Brotsorten die Rinde und schneiden Sie die Brotscheiben passend für die Größe des Sandwichtoasters zurecht.

Beachten Sie bei der Bedienung der Sandwichtoaster die Herstellerhinweise.

Mozzarella-Tomaten-Sandwichtoast

Zubereitungszeit : 50 Min.

Pro Stück:
E: 14 g, F: 13 g, Kh: 35 g,
kJ: 1332, kcal: 318

- **400 g Mozzarella-Käse**
- **400 g Cocktailtomaten**
- **150 g Bread-Dip**
  (Tomate und Oregano)
- **2 TL Balsamico-Essig**
- **20 Scheiben Sandwichtoast**
- **1 Topf Basilikum**

1 Mozzarella-Käse in einem Sieb abtropfen lassen und in dünne Scheiben schneiden.

2 Cocktailtomaten waschen, trockentupfen und in Scheiben schneiden.

3 Bread-Dip mit Essig verrühren und die Hälfte der Toastscheiben damit bestreichen. Mozzarella- und Tomatenscheiben darauf legen.

4 Basilikum abspülen, trockentupfen. Blättchen von den Stängeln zupfen und auf den Mozzarella- und Tomatenscheiben verteilen.

5 Restliche Toastscheiben darauf legen, leicht andrücken und nacheinander in den vorgeheizten Sandwichtoaster (gefettet) geben. Etwa 5 Minuten toasten.

6 Die getoasteten Sandwiches diagonal halbieren und sofort servieren.

- **Tipp:**

Zusätzlich können Sie auf die Tomaten noch einen kleinen Klecks Crème fraîche geben und geriebenen Oregano darauf streuen.

74   EINFACH · KLASSISCH

Paprika-Schafkäse-Sandwichtoast

(im Foto rechts)
Zubereitungszeit: 40 Min.

Pro Stück:
E: 12 g, F: 9 g, Kh: 34 g,
kJ: 1107, kcal: 264

- **300 g Schafkäse**
- **4 geh. EL Ajvar (Paprikazubereitung aus dem Glas)**
- **gerebelter Oregano**
- **1 Glas eingelegte rote Paprikaschoten (Abtropfgewicht 400 g)**
- **20 Scheiben Vollkorn-Sandwichtoast**

1 Schafkäse zerbröseln und mit dem Ajvar verrühren. Mit Oregano würzen. Paprika in einem Sieb abtropfen lassen und anschließend in Stücke schneiden.

2 Die Toastscheiben mit der Ajvar-Schafkäse-Creme bestreichen. Paprikastücke auf der Hälfte der bestrichenen Toastscheiben verteilen. Mit den restlichen Toastscheiben bedecken und leicht andrücken.

3 Vorbereitete Sandwichtoasts in einen Sandwichtoaster (gefettet) legen. Etwa 5 Minuten toasten, anschließend diagonal halbieren und sofort servieren.

Gorgonzola-Weintrauben-Sandwichtoast

(im Foto links)
Zubereitungszeit: 45 Min.

Pro Stück:
E: 16 g, F: 30 g, Kh: 41 g,
kJ: 2086, kcal: 498

- **500 g blaue Weintrauben**
- **100 g Walnusskerne**
- **400 g Gorgonzola-Käse**
- **20 Scheiben Sandwichtoast**
- **100 g weiche Butter**

1 Weintrauben waschen, abtrocknen, halbieren und entkernen. Walnusskerne grob hacken. Gorgonzola-Käse in feine Streifen schneiden.

2 Die Hälfte der Toastscheiben dünn mit Butter bestreichen. Mit den Käsestreifen und Weintraubenhälften belegen. Walnusskerne in den Zwischenräumen verteilen.

3 Mit den restlichen Toastscheiben die belegten Sandwichscheiben bedecken, leicht andrücken und nacheinander in den vorgeheizten Sandwichtoaster (gefettet) legen. Jeweils etwa 5 Minuten toasten.

4 Die getoasteten Sandwiches diagonal halbieren und warm servieren.

Sandwichtoast Schinkenpfefferbeisser

Zubereitungszeit: 45 Min.

Pro Stück:
E: 17 g, F: 23 g, Kh: 33 g,
kJ: 1708, kcal: 409

- 250 g Schinken-pfefferbeißer
- 25 schwarze Oliven ohne Stein
- 200 g Gouda-Käse
- 20 Scheiben Vollkorn-Sandwichtoast
- 200 g Brunch mit getrockneten Tomaten (Brotaufstrich aus dem Kühlregal)

1 Schinkenpfefferbeißer in kleine Stücke, Oliven in dünne Scheiben und Gouda in Streifen schneiden.

2 Sandwichtoastscheiben mit Brunch bestreichen. Die Hälfte der Toastscheiben mit den Schinkenpfefferbeißerstücken, Olivenscheiben und Käsestreifen belegen.

3 Restliche Toastscheiben darauf legen und leicht andrücken.

4 Vorbereitete Sandwiches nacheinander in den vorgeheizten Sandwichtoaster (gefettet) geben und etwa 5 Minuten toasten.

5 Anschließend die Toasts diagonal halbieren und warm servieren.

- **Tipp:**

Sie können den Brunchaufstrich auch durch Doppelrahm-Frischkäse mit getrockneten Tomatenwürfeln ersetzen.
Die Toasts können auch schon am Vortag bis zum Punkt 3 zubereitet, einzeln in Frischaltefolie verpackt und im Kühlschrank aufbewahrt werden.

- **Beilage:**

Tomatensalat.

Käse-Pflaumen-Sandwichtoast

(im Foto links)
Zubereitungzeit: 45 Min.

Pro Stück:
E: 15 g, F: 11 g, Kh: 45 g,
kJ: 1429, kcal: 342

- **250 g Trockenpflaumen ohne Stein**
- **2 Pck. Ziegenfrischkäse (je 150 g)**
- **frisch gemahlener Pfeffer**
- **20 Scheiben Frühstücksspeck (Bacon)**
- **20 Scheiben Vollkorn-Sandwichtoast**

1 Trockenpflaumen in grobe Würfel schneiden. Ziegenfrischkäse mit Pfeffer abschmecken. Frühstücksspeckscheiben halbieren.

2 Die Hälfte der Toastscheiben mit dem Ziegenfrischkäse bestreichen und mit je 4 halbierten Frühstücksspeckscheiben belegen. Pflaumenstücke gleichmäßig darauf verteilen.

3 Belegte Toastscheiben mit den restlichen Toastscheiben bedecken, leicht andrücken und nacheinander in den vorgeheizten Sandwichtoaster (gefettet) legen. Jeweils etwa 5 Minuten toasten.

4 Die getoasteten Sandwichtoasts diagonal halbieren und warm servieren.

- **Tipp:**
Wer keinen Ziegenfrischkäse mag, kann diesen durch Doppelrahm-Frischkäse ersetzen.

Curry-Putenbrust-Sandwichtoast

(im Foto rechts)
Zubereitungzeit: 45 Min.

Pro Stück: E: 13 g, F: 25 g,
Kh: 35 g, kJ: 1752, kcal: 419

- **250 g weiche Butter**
- **2 gestr. EL Currypulver**
- **4 EL Cocktail-Currysauce (aus der Flasche)**
- **4 große Pflaumen**
- **20 Scheiben Vollkorn-Sandwichtoast**
- **300 g Putenbrustaufschnitt**

1 Butter mit Currypulver und Currysauce gut verrühren. Pflaumen waschen, abtrocknen, halbieren und entsteinen. Pflaumenhälften in dünne Spalten schneiden.

2 Toastscheiben mit der Curry-Butter bestreichen. Die Hälfte der bestrichenen Toastscheiben mit Putenbrustfiletaufschnitt und Pflaumenspalten belegen. Die restlichen Toastscheiben darauf geben und leicht andrücken.

(Fortsetzung Seite 82)

3 Vorbereitete Sandwichtoasts nacheinander in den vorgeheizten Sandwichtoaster (gefettet) legen. Jeweils etwa 5 Minuten toasten, anschließend diagonal halbieren und warm servieren.

■ **Tipp:**
Sollten Sie keine frischen Pflaumen bekommen, können Sie auch gut abgetropfte Pflaumen aus dem Glas verwenden.

Sandwichtoast Frankfurter Art

Zubereitungszeit: 45 Min.

Pro Stück:
E: 24 g, F: 35 g, Kh: 37 g,
kJ: 2342, kcal: 559

- 3 geh. EL Sandwich-Classic-Snack-Creme
- 2 TL körniger Senf
- 2 geh. EL Mango-Chutney
- 20 Scheiben Sandwichtoast
- 10 Frankfurter Würstchen (Wiener Würstchen)
- 250 g geriebener Emmentaler-Käse

1 Sandwichcreme mit Senf und Mango-Chutney verrühren, die Toastscheiben damit bestreichen.

2 Würstchen längs halbieren und in 4 cm lange Stücken schneiden. Die Hälfte der bestrichenen Toastscheiben mit den Wurststücken belegen und mit dem Käse bestreuen.

3 Restliche Toastscheiben mit der bestrichenen Seite darauf legen, etwas andrücken und in den vorgeheizten Sandwichtoaster (gefettet) geben.

4 Toasts nacheinander etwa 5 Minuten toasten und anschließend diagonal halbieren, sofort servieren.

■ **Tipp:**
Statt der Sandwich-Classic-Snack-Creme können Sie auch eine leichte Mayonnaise verwenden.

Sandwichtoast mit Birne und Camembert

(im Foto rechts)
Zubereitungszeit: 45 Min.

Pro Stück: E: 15 g, F: 11 g,
Kh: 48 g, kJ: 1463, kcal: 350

- 1 Dose Birnenhälften
  (Abtropfgewicht 460 g)
- 20 Scheiben Sandwichtoast
- 5 EL Sandwich-Classic-
  Snack-Creme
- 200 g gekochter Schinken
  in Scheiben
- 250 g Camembert-Käse
- 10 TL Preiselbeer-Kompott

1 Birnenhälften in einem Sieb abtropfen lassen, anschließend in Spalten schneiden. Die Toastscheiben mit der Sandwich-Creme bestreichen.

2 Schinkenscheiben in Größe der Toastscheiben zurecht schneiden und die Hälfte der Toastscheiben damit belegen.

3 Camembert in dünne Scheiben schneiden und mit den Birnenspalten auf dem Schinken verteilen. Je 1 Teelöffel Preiselbeerkompott darauf geben.

4 Die restlichen Toastsscheiben mit der bestrichenen Seite auf den Käse legen und etwas andrücken. Die Toasts nacheinander in den vorgeheizten Sandwichtoaster (gefettet) legen und jeweils etwa 5 Minuten toasten.

5 Die warmen Sandwichtoasts diagonal halbieren und sofort servieren.

Sandwichtoast Karibik

(im Foto links)
Zubereitungszeit: 60 Min.

Pro Stück: E: 13 g, F: 6 g,
Kh: 37 g, kJ: 1066, kcal: 255

- 1 Mango, 1 Papaya
- 200 g gekochter Schinken
- 100 g Ziegenkäserolle
- 1 rote Chilischote
- 1 TL Mexikogewürz-
  mischung
- 20 Scheiben Vollkorn-
  Sandwichtoast

1 Mango halbieren, das Fruchtfleisch vom Stein schneiden und schälen. Papaya schälen, halbieren und entkernen. Mango- und Papayafruchtfleisch in kleine Würfel schneiden.

2 Schinken und Ziegenkäse in kleine Würfel schneiden.

3 Chilischote waschen, trockentupfen, halbieren und Kerne entfernen. Chili in feine Streifen schneiden.

4 Mango-, Papaya-, Schinken- und Käsewürfel mit den Chilistreifen mischen, mit der Gewürzmischung würzen und auf 10 Toastscheiben gleichmäßig verteilen.

(Fortsetzung Seite 86)

5 Die restlichen Toastbrotscheiben darauf legen, leicht andrücken, nacheinander in den vorgeheizten Sandwichtoaster (gefettet) geben und jeweils etwa 5 Minuten toasten.

6 Die Sandwichtoasts diagonal halbieren und warm servieren.

■ **Tipp:**

Statt Ziegenkäse können Sie auch geriebenen Emmentaler-Käse verwenden.

Sauerkraut-Sandwichtoast

Zubereitungszeit: 50 Min.

Pro Stück:
E: 14 g, F: 12 g, Kh: 39 g,
kJ: 1345, kcal: 321

- ■ **200 g Doppelrahm-Frischkäse**
- ■ **2 EL Sahnemeerrettich**
- ■ **2 TL scharfer Senf**
- ■ **Salz**
- ■ **frisch gemahlener Pfeffer**
- ■ **Zucker**
- ■ **200 g Schweinebratenaufschnitt**
- ■ **1 grüne Paprikaschote**
- ■ **1 Dose Sauerkraut (Abtropfgewicht 520 g)**
- ■ **20 Scheiben Sandwichtoast**

1 Frischkäse mit Sahnemeerrettich und Senf verrühren. Mit Salz, Pfeffer und Zucker würzen.

2 Schweinebratenaufschnitt in Würfel schneiden. Paprikaschote halbieren, entstielen, entkernen und die weißen Scheidewände entfernen. Schote waschen, abtropfen lassen und in kleine Würfel schneiden.

3 Sauerkraut evtl. in einem Sieb abtropfen lassen.

4 Toastscheiben mit der Frischkäsecreme bestreichen. Die Hälfte der bestrichenen Toastscheiben zuerst mit dem Sauerkraut,

dann mit den Bratenaufschnitt- und Paprikawürfeln belegen. Darauf achten, dass nichts übersteht.

5 Restliche Toastscheiben mit der bestrichenen Seite auf die belegten Toasts geben und leicht andrücken. Vorbereitete Toasts nacheinander in den vorgeheizten Sandwichtoaster (gefettet) legen. Jeweils etwa 5 Minuten toasten, dann diagonal halbieren und warm servieren.

■ **Tipps:**

Dieser Sandwichtoast schmeckt auch mit Vollkorn-Toastbrot sehr gut. Bekömmlicher wird das Sauerkraut, wenn Sie Kümmelsamen darunter geben.

Sandwichtoast mit geräucherter Forelle

(im Foto oben)
Zubereitungszeit: 45 Min.

Pro Stück: E: 16 g, F: 20 g,
Kh: 41 g, kJ: 1707, kcal: 407

- **400 g Doppelrahm-Frischkäse**
- **1 kleines Glas (135 g) Sahnemeerrettich**
- **2 rote Äpfel**
- **1–2 EL gehackter Dill**
- **2 Pck. (je 125 g) geräucherte Forellenfilets**
- **20 Scheiben Sandwichtoast**

1 Frischkäse mit dem Sahnemeerrettich verrühren.

2 Äpfel waschen und abtrocknen. Mit einem Apfelausstecher das Kerngehäuse ausstechen. Äpfel mit der Schale grob reiben. Apfelraspel und Dill unter den Meerrettich-Frischkäse rühren.

3 Forellenfilets evtl. entgräten und in mundgerechte Stücke schneiden.

4 Die Toastscheiben mit der Frischkäse-Masse bestreichen. Die Hälfte der bestrichenen Toastscheiben mit den Forellenstücken belegen. Die restlichen Toastscheiben mit der bestrichenen Seite auf die Forellenstücke legen und etwas andrücken.

5 Vorbereitete Toasts nacheinander in den vorgeheizten Sandwichtoaster (gefettet) legen und etwa 5 Minuten toasten. Anschließend diagonal halbieren und sofort servieren.

Tunfisch-Sandwichtoast

(im Foto unten)
Zubereitungszeit: 40 Min.

Pro Stück: E: 21 g, F: 17 g,
Kh: 38 g, kJ: 1629, kcal: 389

- **2 Dosen Tunfisch in Öl (Abtropfgewicht je 150 g)**
- **2 kleine Zwiebeln**
- **2 Knoblauchzehen**
- **1 rote Paprikaschote**
- **einige Stängel glatte Petersilie**
- **4 hart gekochte Eier**
- **200 g Allgäuer Emmentaler-Käse**
- **1 EL Kapern**
- **2 TL mittelscharfer Senf**
- **3 EL Salatmayonnaise**
- **Salz**
- **frisch gemahlener Pfeffer**
- **20 Scheiben Sandwichtoast**

1 Tunfisch in einem Sieb abtropfen lassen und in eine Schüssel geben, mithilfe einer Gabel zerkleinern. Zwiebeln und Knoblauch abziehen, fein hacken.

2 Paprikaschote halbieren, entstielen, entkernen und die weißen Scheidewände entfernen. Schote waschen, trockentupfen und in kleine Würfel schneiden. Petersilie abspülen, trockentupfen und die Blättchen von den Stängeln zupfen. Blättchen fein hacken.

(Fortsetzung Seite 90)

3 Gekochte Eier pellen und in kleine Würfel schneiden. Käse ebenfalls fein würfeln.

4 Tunfisch mit Zwiebeln, Knoblauch, Paprika-, Käse- und Eierwürfeln, Petersilie, Kapern, Senf und Mayonnaise vermengen, mit Salz und Pfeffer würzen.

5 Tunfischmasse gleichmäßig auf 10 Scheiben Sandwichtoast verteilen, mit je einer Scheibe Sandwichtoast bedecken und leicht andrücken. Die Toasts nacheinander in den vorgeheizten Sandwichtoaster (gefettet) legen und jeweils etwa 5 Minuten toasten.

6 Die Sandwichtoasts diagonal halbieren und sofort servieren.

■ **Tipp:**
Servieren Sie einen Tomatensalat dazu.

Sandwichtoast, italienische Art

Zubereitungszeit: 50 Min.

Pro Stück:
E: 11 g, F: 10 g, Kh: 38 g,
kJ: 1203, kcal: 288

- ■ **125 g Rucola (Rauke)**
- ■ **100 g getrocknete Tomaten, in Öl eingelegt**
- ■ **2 kleine rote Zwiebeln**
- ■ **2 Pck. (je 150 g) Ziegenfrischkäse**
- ■ **20 Scheiben Sandwichtoast**

1 Rucola waschen, trockenschleudern und in grobe Stücke zupfen. Tomaten in einem Sieb abtropfen lassen und in kleine Würfel schneiden. Zwiebeln abziehen, halbieren und in dünne Scheiben schneiden.

2 Die Rucola- und Tomatenstücke mit dem Frischkäse verrühren, die Hälfte der Toastscheiben damit bestreichen. Die Zwiebelscheiben gleichmäßig darauf verteilen und mit den restlichen Toastscheiben bedecken, leicht andrücken.

3 Vorbereitete Toasts nacheinander in den vorgeheizten Sandwichtoaster (gefettet) geben und jeweils etwa 5 Minuten toasten.

4 Sandwichtoasts diagonal halbieren und warm servieren.

■ **Tipp:**
Statt der roten Zwiebeln können Sie auch Frühlingszwiebeln verwenden. Wer keinen Ziegenfrischkäse mag, kann diesen durch Mascarpone oder Doppelrahm-Frischkäse ersetzen.

RAFFINIERT · EINFACH

Spargel-Schinken-Sandwichtoast

Zubereitungszeit: 45 Min.

Pro Stück:
E: 20 g, F: 19 g, Kh: 34 g,
kJ: 1615, kcal: 387

- **2 Gläser Spargel (Abtropfgewicht je 320 g)**
- **250 g gekochter Schinken**
- **200 g Butter-Käse**
- **4 hart gekochte Eier**
- **20 Scheiben Sandwichtoast**
- **125 g Kräuterbutter**
- **Salz**
- **frisch gemahlener Pfeffer**

1 Spargel in einem Sieb abtropfen lassen. Spargel in etwa 4 cm lange Stücke schneiden.

2 Schinken und Käse in kleine Würfel schneiden. Eier pellen und in Scheiben schneiden.

3 Die Toastscheiben gleichmäßig mit der Kräuterbutter bestreichen. Die Hälfte der bestrichenen Toastscheiben mit Spargelstücken, Eierscheiben, Schinken- und Käsewürfeln belegen. Mit Salz und Pfeffer würzen.

4 Restliche bestrichene Toastscheiben darauf legen. Die vorbereiteten Sandwichtoasts nacheinander in den vorgeheizten Sandwichtoaster (gefettet) geben. Jeweils etwa 5 Minuten toasten. Anschließend diagonal halbieren und warm servieren.

■ **Tipp:**

Servieren Sie dazu eine gut gekühlte Maibowle. Dafür benötigen Sie 500 g Waldmeisterkraut, 2 Flaschen (je 0,7 l) gekühlten trockenen Weißwein, 4 cl Waldmeistersirup, 2 Flaschen (je 0,7 l) gekühlten Sekt und den Saft von einer Limette.
Waschen Sie das Waldmeisterkraut sorgfältig und lassen Sie es über Nacht
trocknen. Gießen Sie den Weißwein und den Waldmeistersirup in ein Bowlegefäß. Zupfen Sie die Blätter von dem Waldmeisterkraut. Geben Sie die Blätter zu dem Bowlenansatz und stellen Sie diesen etwa 1 1/2 Stunden kühl. Anschließend entfernen Sie die Waldmeisterblätter. Füllen Sie die Bowle mit dem Sekt und den Limettensaft auf.

Alphabetisches Register

A/B/C

Apfel-Camembert-Toast	48
Börsenhäppchen	52
Champignon-Gourmet-Toast	46
Curry-Putenbrust-Sandwichtoast	80

E/F

Eingelegte Paprikaschoten	58
Frikadellen	18
Frühlingstoast mit Gouda	40

G

Gemischter Salat	60
Gemüsetoast, überbackener	54
Gorgonzola-Weintrauben-Sandwichtoast	76
Grüner Salat	64

H

Hähnchen-Brokkoli-Toast	68
Holländischer Shrimps-Toast	14
Holländischer Tomatentoast	6

I

Italienischer Toast	30

K

Käse-Pflaumen-Sandwichtoast	80
Kasseler-Aprikosen-Toast	48
Konfettitoast mit Gouda	50
Krautsalat	62

M

Manhattan Toast	36
Mozzarella in carrozza	72
Mozzarella-Tomaten-Sandwichtoast	74

P

Paprika-Schafkäse-Sandwichtoast	76
Porree-Roquefort-Toast	36

R

Riesentoast	22
Roquefort-Apfel-Toast	16

S

Sandwichtoast Frankfurter Art	8
Sandwichtoast, italienische Art	9
Sandwichtoast Karibik	8
Sandwichtoast mit Birne und Camembert	8
Sandwichtoast mit geräucherter Forelle	8
Sandwichtoast Schinkenpfefferbeißer	7
Sauerkraut-Sandwichtoast	8
Schollenfilets auf Toastbrot	6
Shrimps-Toast, holländischer	1
Spargel-Schinken-Sandwichtoast	9
Straßburger Toast	4

T

Toast Anatolia	6
Toast Armer Ritter	1
Toast Chinatown	1
Toast Florida	7
Toast Gibraltar	5
Toast Hawaii (**Titelfoto**)	4
Toast Helene	2
Toast im Pfännchen	2
Toast, italienischer	3
Toast Mexikana	3
Toast mit Putenbrust	2
Toast mit Rinderfilet	
Toast mit Schweinefilet	4
Toast Oriental	6
Toast Pikanto	5
Toast Scandia	3
Toast Toskana	2
Toast, vegetarischer	1
Tomatentoast, holländischer	
Tomaten-Zwiebel-Platte mit Mozzarella-Käse . .	7
Tomaten-Zwiebel-Salat	5
Trauben-Toast mit Schinken	2
Tunfisch-Bananen-Toast	3
Tunfisch-Sandwichtoast	8
Tunfisch-Toast	6

U/V/Z

Überbackener Gemüsetoast	5
Vegetarischer Toast	1
Zwiebel-Tomaten-Toast	4

Themenregister

Toast mit Wurst oder Fleisch

Holländischer Tomatentoast	6
Toast mit Rinderfilet	8
Toast Chinatown	12
Toast Armer Ritter	18
Trauben-Toast mit Schinken	20
Riesentoast	22
Toast Helene	24
Toast mit Putenbrust	24
Toast im Pfännchen	28
Toast Mexikana	32
Porree-Roquefort-Toast	36
Manhattan Toast	36
Frühlingstoast mit Gouda	40
Toast Hawaii (**Titelfoto**)	40
Toast mit Schweinefilet	42
Straßburger Toast	44
Champignon-Gourmet-Toast	46
Kasseler-Aprikosen-Toast	48
Apfel-Camembert-Toast	48
Konfettitoast mit Gouda	50
Börsenhäppchen	52
Toast Pikanto	58
Toast Anatolia	62
Toast Oriental	66
Hähnchen-Brokkoli-Toast	68
Toast Florida	70
Sandwichtoast Schinkenpfefferbeißer	78
Käse-Pflaumen-Sandwichtoast	80
Curry-Putenbrust-Sandwichtoast	80
Sandwichtoast Frankfurter Art	82
Sandwichtoast mit Birne und Camembert	84
Sandwichtoast Karibik	84
Sauerkraut-Sandwichtoast	86
Spargel-Schinken-Sandwichtoast	92

Toast mit Fisch

Holländischer Shrimps-Toast	14
Toast Scandia	34
Tunfisch-Bananen-Toast	38
Toast Gibraltar	56
Tunfisch-Toast	60
Schollenfilets auf Toastbrot	64
Sandwichtoast mit geräucherter Forelle	88
Tunfisch-Sandwichtoast	88

Toast mit Obst & Gemüse

Vegetarischer Toast	10
Roquefort-Apfel-Toast	16
Toast Toskana	26
Italienischer Toast	30
Zwiebel-Tomaten-Toast	44
Überbackener Gemüsetoast	54
Mozzarella in carrozza	72
Mozzarella-Tomaten-Sandwichtoast	74
Paprika-Schafkäse-Sandwichtoast	76
Gorgonzola-Weintrauben-Sandwichtoast	76
Sandwichtoast, italienische Art	90

Register 95

In dieser Reihe sind bisher außerdem erschienen: *Party-Aufläufe, Party-Braten, Party-Dips, Party-Drinks, Party-Grillen, Party-Pasta, Party-Pizza, Party-Rouladen, Party-Salate, Party-Snacks, Party-Suppen, Schnelle Party-Rezepte, Party-Schnitzel* und *Party-Topf.* Sie erhalten diese Bücher im Buchhandel.

Umwelthinweis Dieses Buch und der Einband wurden auf chlorfrei gebleichtem Papier gedruckt. Die Einschrumpffolie – zum Schutz vor Verschmutzung – ist aus umweltfreundlichem und recyclingfähigem PE-Material.

Wenn Sie Anregungen, Vorschläge oder Fragen zu unseren Büchern haben, rufen Sie uns unter folgender Nummer an 0521 155-2580 oder 520645 oder schreiben Sie uns: Dr. Oetker Verlag KG, Am Bach 11, 33602 Bielefeld.

Bei den in diesem Buch verwendeten Rezeptnamen handelt es sich zum Teil um eingetragene Marken.

Copyright © 2003 by Dr. Oetker Verlag KG, Bielefeld

Redaktion Andrea Gloß

Titelfoto Thomas Diercks, Hamburg
Innenfotos Thomas Diercks, Hamburg (S. 4, 31)
Axel Struwe, Bielefeld (S. 7–19, 23–27, 33–39, 43–49, 53, 59–93)
Norbert Toelle, Bielefeld (S. 57)
Niederländisches Büro für Milcherzeugnisse, Rijswijk
(S. 21, 29, 41, 51)

Foodstyling Hans-Peter Huke, Bielefeld

Requisite Wolfgang Mentzel, Paderborn

Rezeptentwicklung und -beratung Hans-Peter Huke, Bielefeld
Mechthild Plogmaker, Dr. Oetker Versuchsküche

Nährwertberechnungen Nutri Service, Hennef

Grafisches Konzept Björn Carstensen, Hamburg
Gestaltung M•D•H Haselhorst, Bielefeld
Titelgestaltung kontur:design, Bielefeld

Reproduktionen Mohn • Media Mohndruck GmbH, Gütersloh
Satz JUNFERMANN Druck & Service, Paderborn
Druck und Bindung APPL Druck GmbH & Co. KG, Wemding

Die Autoren haben dieses Buch nach bestem Wissen und Gewissen erarbeitet. Alle Rezepte, Tipps und Ratschläge sind mit Sorgfalt ausgewählt und geprüft. Eine Haftung des Verlages und seiner Beauftragten für alle erdenklichen Schäden an Personen, Sach- und Vermögensgegenständen ist ausgeschlossen.

Nachdruck, auch auszugsweise, nur mit ausdrücklicher Genehmigung und Quellenangabe gestattet.

ISBN 3–7670–0645-6